图解 精益制造 *054*

精益现场
深速思考法

深く、速く 考える 「本質」を瞬時に見抜く思考の技術

[日] 稻垣公夫 著

李清玉 译

人民东方出版传媒
People's Oriental Publishing & Media
东方出版社
The Oriental Press

图字：01-2018-2161 号

FUKAKU，HAYAKU，KANGAERU
© KIMIO INAGAKI 2016
Originally published in Japan in 2016 by CROSSMEDIA PUBLISHING CO.，LTD.，
Simplified Chinese translation rights arranged through TOHAN CORPORATION，TOKYO，
and HANHE INTERNATIONAL（HK）CO.，LTD.

中文简体字版专有权属东方出版社

图书在版编目（CIP）数据

精益现场深速思考法 ／（日）稲垣公夫 著；李清玉 译. —北京：东方出版社，
2018. 6
（精益制造；054）
ISBN 978-7-5207-0328-4

Ⅰ．①精… Ⅱ．①稲… ②李… Ⅲ．①企业管理 Ⅳ．①F272

中国版本图书馆 CIP 数据核字（2018）第 073390 号

精益制造054：精益现场深速思考法
（JINGYI ZHIZAO 054：JINGYI XIANCHANG SHENSUSIKAOFA）

作　　者：	[日] 稲垣公夫
译　　者：	李清玉
责任编辑：	崔雁行　郭伟玲
出　　版：	东方出版社
发　　行：	人民东方出版传媒有限公司
地　　址：	北京市东城区东四十条 113 号
邮　　编：	100007
印　　刷：	北京文昌阁彩色印刷有限责任公司
版　　次：	2018 年 6 月第 1 版
印　　次：	2018 年 6 月第 1 次印刷
开　　本：	880 毫米×1230 毫米　1/32
印　　张：	6. 75
字　　数：	117 千字
书　　号：	ISBN 978-7-5207-0328-4
定　　价：	58. 00 元

发行电话：(010) 85924663　85924644　85924641

前　言

　　本书介绍的快速深入思考问题的方法——"深速思考法"，是我在提高工程师产品开发能力的研修课程中讲授过的内容。本书总结了使用这个思维工具的技巧和窍门。经过反复试验，我发现这个方法同样适用于职场人士的思维训练。

　　随着经济全球化进程加快，发达国家与新兴国家间的教育和技术水准的差距日渐缩小。劳动成本低廉的新兴国家的人才与劳动成本高昂的发达国家的人才竞争着有限的工作岗位，日本也已无法回避这个现实问题。况且随着人工智能以及机器人领域技术的发展，许多程序化的工作正在被机械所取代。

　　将来，让发达国家心甘情愿继续支付高额工资的工作，是一种可以产生新鲜概念的、"富有创造力的、非机械化的工作"。直白地说，比起将已知知识迅速消化的"高效学习能力"，社会将会更看重我们是不是具备了创造新知识的"深速思考能力"。

　　战后的日本实现了令世界惊叹的经济增长，并且在 20 世纪 80 年代迎来了鼎盛时期。然而 1990 年以后，日本经济的世界影响力不断降低。特别是 IT、家电以及半导体等产业，还有一直以来被视为日本产业中流砥柱的通用电气制造商们，不约而同地进行了大规模的裁员、产业变卖甚至退出市场。就算是 5 年前，能够预见到夏普、东芝会落得如此光景的人恐怕并不多吧。

在这样的状况下，日本的汽车制造业依旧在惨烈的全球化竞争中杀出了重围。特别是丰田汽车，据 2016 年的季度合并结算数据显示，企业的季度销售额达 28.4 兆日元，营业利润为 2.85 兆日元。丰田汽车确实取得了傲人的成绩。丰田集团绝对称得上是"二战"后日本国内最具实力的企业之一。

实际上对于丰田汽车的制造流程、组织结构以及产品开发等方面的相关研究，美国比日本更胜一筹。20 世纪 80 年代是日美贸易摩擦的白热化时期，丰田汽车面对美国的高压，不得不公开了自己的经营方法。与此同时，丰田汽车还吸纳了一批美国的研究人员和技术人员，并在美国加利福尼亚州与美国通用汽车公司（GM）成立了合资企业"NUMMI"。在这样的过程中，不仅促使美国的大学和企业纷纷向丰田学习企业经营中的"优势"方法，同时也为丰田的体系化研究提供了一个重要契机。

对于当时的丰田而言，除了得以回避日美之间的贸易摩擦外，似乎并没有得到什么甜头。然而，从结果来看，不仅美国，甚至全世界的制造企业都开始应用丰田公司的经营技巧，并给予了了高度评价。

需要深速思考能力的"A3 报告书"

我曾经在丰田学研究根据地之一——美国密歇根大学学习过。在美留学期间，我很幸运地受到了丰田研究学专家杰弗里·莱克教授的赏识，并且翻译了莱克教授的大作《丰田模式》（*The Toyota Way*）。

5 年前，日本开始引入由密歇根大学的艾伦·沃德副教授体系化的、以丰田产品开发为基础的"精益产品开发"（Lean Product Development）理论，并且尝试着将这个理论应用到日本国内的企业中。"精益产品开发"理论现在主要运用在以制造业为主的咨询工作中。那时，我才切身体会到提高"思考能力"是多么重要的一件事。

丰田集团有很多独具特色的方法和工具，其中最有代表性的是"A3 报告书"——用一张 A3 大小的纸总结出各式各样的报告以及方案。A3 报告书的目的在于：最大限度地剔除无用的信息，通过剥茧抽丝的方式让事物的本质清晰化，让革新性的想法剧本化。不过，在制作报告的过程中需要具备相当功力的深入思考能力。

"A3 报告书"这个工具在丰田集团的发展中起着至关重要的作用，在很大程度上提升了丰田公司解决问题以及公共管理的能力。同时，也是新员工从踏入丰田第一年起就被要求必须掌握的资料制作法。通过反复实践"A3 报告书"可以让员工们充分地锻炼自己的思考能力。

　　"A3 报告书"具有非同寻常的效果，也是将"精益产品开发"(Lean Product Development) 理论导入企业内部的必要工具。不过，对于从未接受过深度思考训练的非丰田员工来说，制作报告书的难度确实比较大。实际上，我在进行 A3 报告书研修期间发现，在受托的所有公司中，大概仅有一成的工程师具备参加过研修就能提笔制作一份报告书的思考能力。

　　总结来看，这个工具的使用技巧和构成都很有难度。为了将其更行之有效地导入公司内部，就必须从根本上改变员工的思维结构。因此，我以委托企业中的 4 家为样本，以共计近 60 名的产品开发工程师为对象，开展了研修，教授他们提高思考能力的方法，也就是本书要介绍的"深速思考法"。

　　图 00-1 归纳了深速思考法的整体结构。详细内容待到后面的章节再进行探讨，不过在本书开头可以透露一点：深速思考法的核心之一就是绘制展现事物间因果关系的"因果关系示意图"。具体做法是先阅读 A4 纸大小的一篇文章，阅读之后将文

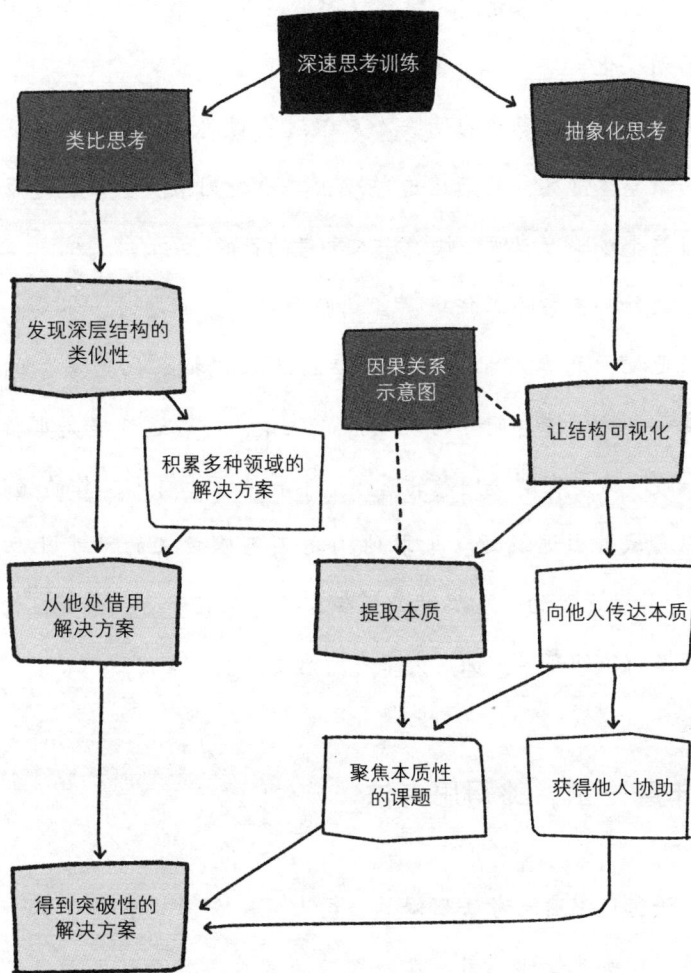

图 00-1　深速思考法的整体结构

章内容分为几个段落，理解各个段落"说了什么"（抽象化），然后找出有关段落之间的联系（因果联系），最后使段落之间的关系图像化。

不要让自己急于接受一个只经过直观思考得到的答案，而要俯瞰整体情况，然后迅速整理出其中的因果关系，通过反复练习这个步骤，以达到快速深入思考的目的。

此外，在实际工作中，当我们面对一个问题时，不要一步到位地把问题本质抽象化，而应该采取"抽象化思考"的方法——一边保持着问题与现实间的联系，一边逐步提高事物抽象程度。或者在解决问题的时候，不要拘泥于自己工作的领域，可以尝试着由远及近，采取他山之石可以攻玉的"类比思考法"。除此之外的一些思考工具在本书中也有赘述，希望在构思方案及解决问题等方面对大家有所启发。

五年磨一剑，终得思考法

进行过深速思考法研修的公司都无一例外地取得了不小的成果。比如某软件公司，在研修后的第 6 个月对员工进行了一次问卷调查。问卷数据显示，回答"我认为会对今后的工作有所帮助"的占95%，"感觉自己的思考结构已经有所改变"的占

80%，"感觉到与周围人（没有参加研修的人）的思维有所区别"的占 60%。

我把研修用的资料拿给一位美国人，他曾经也是丰田员工。他看过之后发出感慨："这个培训所涉及的思考方法，在丰田被称作'聚焦拉远（zoom in zoom out）思考法'，即便是丰田员工也需要花费 5 年的时间才能掌握它。"

所谓"聚焦"就是进行具体的思考；"拉远"就是进行抽象的思考。"能够在具体和抽象间自由穿梭"也是丰田思考方法中重要的一环。从这一点来看，深速思考法可以使丰田更加高效地培养人才。

同时，在本书校对逐渐接近尾声的 2016 年 4 月末，我接受了在伦敦郊外举行的"LPPDE"，也就是精益产品开发国际会议的邀请。并在会议开幕仪式上发表了主题演讲，演讲中也介绍了本书的方法。令我感到意外的是，听众们的反响非常之大，问答环节大家提出了很多问题。

一位法国咨询公司的总经理评论道："我觉得这是本次会议中最具有独创性的发言了。"第二天，他又参加了约 3 个小时的深速思考法训练班，课后他对我说："这个方法和我在招聘咨询师时使用的考试题目非常类似，但是我一直没有注意到这些内容也可以用在客户公司的员工培训上，欧洲对于这种类型的培训需求非常热切。"

在欧洲也有上下求索各种思考法的历史，因此我一直怀疑"是不是已经有人给出了类似的方法论了呢"。所以，对我来说能收到如此大的反响，着实是意料之外的事情。

听到"深速思考"这个词，大概很多人会下意识地认为这是一个高深的哲学问题，不禁在心里敲起了退堂鼓。实际上，"深速思考能力"与"高智商"或者"高度的专业素养"并没有太大的关系。因为高智商或者高度的专业素养都是另一层面的。比如说，面对专业性很强的问题时，如果我们只能考虑到一些浅显的（浮于表面的）因素，就不会对思考能力的提高有丝毫帮助。

深速思考法是通过反复地深入思考日常问题，以提高思考能力和思考速度的一种方法。所以请诸位放心，"深速思考能力"与行业、智力以及知识水平无关，是一种通过训练就能掌握的能力。

本书中也使用了很多具体案例，比如"AKB48为何能大获成功""德川家康为何在江户设立幕府""鸟贵族为何能盈利"等。我收集了一些身边随处可见的，便于举例说明的素材，并且结合这些素材出了一些测试题，希望读者们开动脑筋进行思考。

那么，让我们进入正题吧。

目　录

CONTENTS

第二章　深速思考法的基础和提高思考精度的方法

第三章　"因果关系示意图"的绘制方法

第六章 在日常生活中锻炼深速思考能力

序　章

人类的大脑有“思考癖”

智人的大脑数十万年没有更新

大脑是人体中最神秘的一个器官，相关研究也仅仅在最近十年才取得了质的进展。在探讨"深速思考法"之前，不妨先来聊一聊对于人类的大脑我们究竟了解多少，这与本书主题有关，所以很重要。

据研究表明，数十万年前我们人类（现生智人）作为新物种诞生于遥远的非洲大陆。与思考相关的一个重要问题是"自从生活在热带草原的时代开始，我们人类就没有充足的时间去配合生活、知识和技术的进步来进化自己的大脑"。也就是说，我们不得不顶着一颗只适应数十万年前生活的大脑去应对瞬息万变的今天。

如果用电脑软件打个比方的话，可以把我们的大脑称为"版本 1.0"的超低配置，低配大脑在没有进行过升级的状态下度过了数十万年。这种情况被程序员们称作"程序错误"，会造成软件运行缺陷。所谓的程序缺陷是指"无法按照说明（也就是程序需要满足哪些条件的说明文件）运行"，而程序错误是"说明本身就不符合用户的需求"。

这个"大脑缺陷"带来的最大影响就是**我们的大脑比起深度思考，更喜欢浅显思考**。其中一个原因是，数十万年前非洲大陆时刻都有生存危机。由于不知何时会有猛兽突袭，为了能够在危机四伏的草原上生存下来，智人会在嗅到危机的气息之后就条件反射般地迅速逃生，毕竟在性命攸关之际进行深度思考太浪费时间了。野兽突然袭击的时候抱着脑袋进行深度思考的人反而会被吃掉，因此带有深度思考倾向的基因遗传到现代的概率大幅减小。

那么，这会对我们现代人造成什么影响呢？具体来说，基因的不良遗传会在我们的大脑内构筑起坚固的"常识壁垒"。人类只要重复做某件事，熟练整个过程，就可以免去思考下意识地完成动作。虽然有时可以让我们极富效率地完成日常的工作或操作，但是在不知不觉中又让我们形成了一种思维定式——"这件事就是这样做的"或者"只能采取这个方法去完成"。

另一个恶劣影响是：当直面难题的时候，我们会惯性地认为最优的解决对策就是首先浮现在脑海里的那个答案，并且会将其付诸一个"早有定论"的行动。这样一来，即便我们的大脑几经磨难终于具备了深度思考的能力，但是也根本想不起运用这个能力。

"理解"究竟是怎么一回事

根据最近的研究，我们又明白了一个关于大脑的重要问题——"理解"究竟是什么。先从结论来看，**"理解"就是将新的事物与已知的事物建立联系**。反过来也可以说，"对于大脑而言，将未知事物与已知事物建立起联系更容易理解，这也是人类认知方面的偏好"。"把新事物与我们熟悉的事物相联系进行理解"，可能这种说法会让大家觉得有些难以理解，其实总结起来就是用"打比方举例子（类比）"的方式来理解事物。在所有的语言中，都有把抽象事物用"与具体事物进行类比"的方式表达出来的习惯。

比如，在日语中有"梯子被撤掉了"的习惯用语。意思是"虽然自己被大家举荐去做某事，但形势一旦变坏，支持者们就都散了"（实际上各种情况都有可能发生），人们将这些状况抽象化，类比为"刚用梯子爬到了房顶，梯子就被人撤走了，没办法下来"的具体案例。诸如此类，在所有的语言里，表现抽象概念的词汇语句都可以用更加具体的语言来进行类比说明。

此外，虽然都以"理解"一词概括而论，但在理解之中又各有深浅。这种"理解程度"的差距又从何而来呢？

具体如图 0-1 所示，**如果让新鲜事物与尽可能多的已知事**

物建立起联系，就构成了"深度理解"。反之，如果只能与少数的已知事物建立联系，就意味着停滞于"浅显理解"。

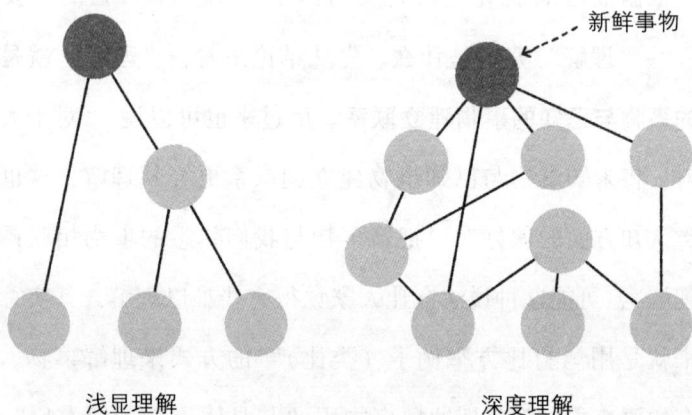

浅显理解　　　　　　深度理解

图0-1　浅显理解和深度理解

现在请大家试着思考一个例子。

还记得中学物理学习过的欧姆定律吗？用公式表达就是【电流＝电压/电阻】。有些擅长文科的读者大概看一眼这个公式就会发出感慨："唉，真难懂"。

如果只是死记硬背这个公式，就是"浅显理解"。

这种情况下，大脑中只有孤立的公式，并没有与之相联的其他事物。确实，背会这个公式就可以在考试里得分，不过如果不小心把公式错记成【电压＝电流/电阻】的话，那么考试就得丢分了。

在这里，我们不妨把电压相关的现象比喻成"用软管连接水槽，向院子里洒水"这样的日常生活中的体验——也就是进行类比思考。

如图 0-2 所示，例子中的电流、电压、电阻，各自对应为：

- 电流＝单位时间内从管道中流出的水量；
- 电压＝水的压力（取决于水槽内的水位与管道出口的高度差）；
- 电阻＝管道出水的难易度（管道越细阻力越大）。

这样我们就能直观地理解电压了，把水槽放于高处，水压越高（也就是电压越高），水流量越大（电流越大）。再有，管道越粗（电阻越低），水流量也就越大。

怎么样？在理解电的时候，利用已知的日常生活经验，通过联想"自己切身体验过的事情"，比如用水管浇水，是不是就能获得更深层次的理解了呢？我们通过将"电"类比至更贴近日常生活的事物，探明了"电"的真身。

如图 0-2 所示，为了更深入地理解新鲜事物，非常有必要将其与大脑中尽可能多的已知事物建立起联系。

我们不妨再以历史问题为例思考一下，深度理解究竟是怎么一回事。

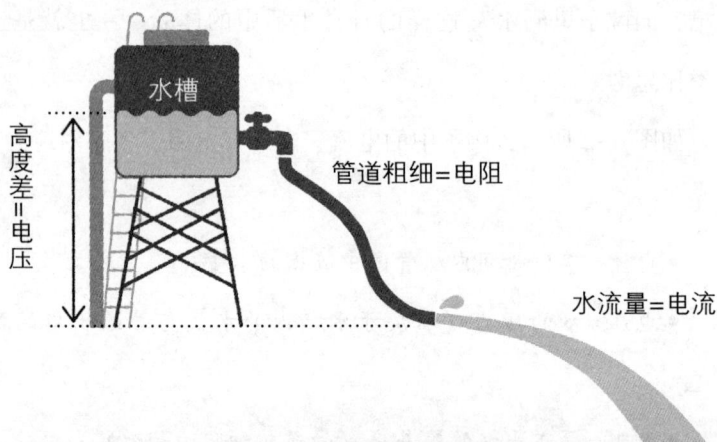

图0-2 与已知事物相联系

所谓浅显地理解历史就是指，只背诵"何年何月何人做了何事"的历史事件。与此相对的所谓深刻地理解历史就是指了解历史事件之间的联系（因果关系），历史以外各要素（经济、军事、技术、地形以及气候变化等）之间的联系。

换言之，知识越多理解越深，我们能建立起来的事物间的联系以及能记住的事物也就越多。

所谓表面的知识就是"知识点"，深层的知识就是"知识面"，后者的记忆更准确，并且更便于运用。

知识与知识之间的关联大多是"因果关系"。而探索因果关系的欲望，不停地寻求"为什么"，是构成人脑机能的一个部分。小孩子会常常缠着家长问"为什么"，这就是大脑的一种自然反应。

对于儿童来说，在遇到新鲜事物的时候，他们的深度理解就是通过看、听、闻、摸、触动对象的这些方法与过去学到的知识建立起联系。与此相对的浅显理解就是，只去单纯地记忆类似于"如果这样做了会变成那样"的因果关系。浅显的表面知识，其应用范围也非常狭窄。

> 知识越深，联系越多，记忆越广

让我们对深层结构视而不见的罪魁祸首

人类大脑还存在着另一个问题——"很难看清深层结构"。这里所谓的"深层结构"是指隐匿在复杂事物背后，比如因果关系等深层的关系。换言之，即人类大脑不擅长抽象化思考。为了让大家切身体会这一点，我们不妨试着挑战以下两个问题。两道都是难题，正确率只有10%左右。

问题①：
假设你是医生，接诊了一位胃部患有恶性肿瘤的病人。目前状况是患者已经无法接受手术治疗，但不切除肿瘤，患者就会死亡。

这里有一种可以破坏肿瘤的光线，只要把光线调节至一定的强度就可以通过照射来破坏肿瘤。

不过非常遗憾的是，破坏肿瘤的光线强度也会伤害到健康的人体组织。低强度光线虽然不会伤害健康组织，但是对破坏肿瘤毫无效果。怎么样才能在不伤害健康组织的情况下破坏肿瘤呢？

答

把数个光源放置于不同方向，从多个角度同时照射肿瘤。把每个光源调至不伤害健康组织的强度，然后一齐从多个方向发射光线破坏肿瘤，这样，就会只有肿瘤本身接收到叠加过度的强光线，而且不会伤害到健康组织。

问题②

某个独裁者支配着一个小国，他深居要塞发号施令。这个要塞位于国家的中心，以那里为原点延伸出一条条如车轮辐条般的放射状道路。

有位将军，他立誓要攻下这个要塞，从独裁者的魔爪中解放这个小国。将军认为，如果能够率领他的全军人马进攻一次，便可以攻陷这座独裁者的要塞。

但是，根据派遣到全国各地的间谍来报，每条道路中都埋有地雷。独裁者为了让士兵农民维持正常的活动，设置了一种地雷——只要人数不多就可以安全通过，但是一旦有大部队人马通行就会触发地雷引起爆炸。那么，将军如何才能不让自己的兵士牺牲在地雷下而顺利地讨伐独裁者呢？

答

将军可以按照放射状道路的数量把自己的军队分成数支小分队，分别从不同的道路向要塞出发，然后一齐进攻。这样既可以安全地通过地雷，又能一举击溃要塞，消灭独裁者。

实际上这两个问题是美国某心理学家在大学生的心理实验中使用过的测试题目。

问题①的正确率尤其之低，只有10%左右。为什么大家不约而同地认为这个问题很难呢？其主要原因在于，大家很容易忽视问题中的两个重要因素，这两个因素一直在暗示我们正确答案就在眼前。一个因素是"可以使用多个光源"，另一个是"如果弱光线由多点出发，于一点相交照射的话，那么只有在光源交汇处才会累加光线的强度"。

两个都是旗鼓相当的难题，不过调查两个问题的正确率并不是这个实验的目的。

可以提前告诉大家一点，调查回答者能否透过问题表象看到"两个问题在深层上具有相同的构造"才是实验的主要目的。而且，所谓两者相同的构造是指，"分散势力，从多个方向同时进攻这一点"。

此外，当问到参与者"问题①和问题②之间有什么关系"的时候，能正确回答出来的人也不超过 10%。

当问到无法正确回答问题①却可以回答出问题②的参与者"为什么能回答出问题②"的时候，也不乏语塞之人。这部分回答者似乎并没有意识到这两个问题的相似性。

这正是"无法把问题抽象化"。其原因在于，被问题的表面（医学以及癌症治疗方面的相关信息，与军事相关的信息等）所迷惑，从而忽视了事物背后的深层结构。

这个实验验证了一个假设，观察由多个要素构成的复杂现象时，人脑的关注点总是集中于表面现象：

- 表面的属性（形状、颜色、大小等）；
- 表面的关系（是否相邻，是否处于特定区域）。

这些表象让我们无法看到事物背后所隐藏的本质关系（因果关系、问题结构等）（如图0-3）。

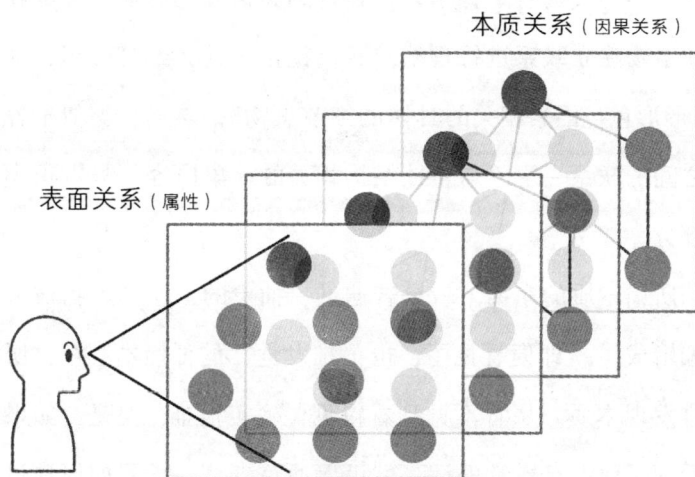

本质关系（因果关系）

表面关系（属性）

图0-3 是表面关系还是本质关系

几乎所有人在解答问题①的时候，都会试图用与医学相关的知识作答，解答问题②的时候又绞尽脑汁地回忆与军事相关的知识。因此，往往会忽视掉两个问题在深层结构上的相似性。

不过，当我们提醒回答者"这两个问题中存在相似性"的时候，半数的回答者都会恍然大悟。

换言之，与其说他们看不到结构的相似性，不如说他们只是被各种各样的表面要素所迷惑，而并没有察觉到问题的构造而已。所以说，大多数的回答者并不是处于"没有发觉"，而是处于"已经无意识地发觉了，但是没有进入意识范畴"的状态。

大脑难以意识到深层结构的原因在文章开头也说明了，是因为我们的大脑有一种偏好，**在遇到新信息的时候，会试着与已知事物建立联系进行理解**。我们记忆里的大部分知识，都是"与形形色色因素相关的具体的细节事物"。然而，类似于各因素之间的联系——"与整体结构相关的抽象内容"只占很小的一部分。

所谓本质的东西，就是普遍的、抽象的，但是人脑被造物主编辑成了"即便看见了，也很难发觉"的低版本程序，所以很难发现本质。从看不见到看得见，确实很难，但是，如果只是看到了而没有察觉的话，就可以通过训练，学习如何透过现象看本质——这也是深速思考法的根本出发点。

第一章将继续探讨"深度思考"具体是怎么一回事。

思考小提示① **质疑力**

某企业历时两年终于完成了产品开发部门的改革活动，我有幸出席了向公司董事报告改革成果的会议。在一连串的改革活动中，就有本书阐述的深速思考法。

在报告的会场，某位工程师陈述了自己的感想："通过这次活动，我逐渐养成了一种不是稀里糊涂全盘接受某个事物，而是凡事都持保持质疑的态度，感觉很棒。"听了这一番话，我感到十分高兴。

深速思考法的目标之一就是学会运用创造性思维突破大脑中的"常识壁垒"，而学习过程中最为重要的就是"质疑力"。虽然"质疑力"这个词语会让大家联想起"疑云密布""可疑"等一些负面的概念，但实际上质疑力是突破常识壁垒的重要能力。

小孩子不断询问大人"为什么"就是一种质疑的表现。但随着孩子成长，他们会变得不加质疑就把世间的常识以及老师传授的知识全盘接受，并且有人会告诉他们，这就是成长。

事实上，质疑力与"实事求是地观察事物"的能力有着紧密的联系。我们的大脑习惯于将五官传递进来的新信息，套用到已知的模板中解释说明，而无法套进模板的信息通常会被大脑当作"噪音"进行删除处理。

但是，这部分被剪切处理掉的信息中也许就潜藏着可以带领我们冲破大脑"常识壁垒"的中坚力量。因此，质疑并不是让我们一味地对别人的意见持反对态度。

如果对他人观点持有"真的是这样吗"的怀疑态度，首先应该去现场认真地观察事物，然后尽可能地找出不符合他人观点的信息。

这个方法在丰田被称作"三现主义"(现场·现实·现物），或者说它是一种警钟长鸣般的劝诫——"到底是不是真的呢，一定要去现场观察验证"。其实这也是一种自我保护的方法，使我们免遭常识壁垒或者先入为主观念的荼毒。

归根结底，
"深度思考" 究竟是什么?

1.1 "高度思考"中什么是高度？

最近各大媒体几乎每天都在热议人工智能（AI）的话题。20 世纪 90 年代后期，电脑一举击败国际象棋的世界冠军，随后，电脑甚至战胜了出棋方式更为复杂多变的象棋和围棋专业选手。

此外，据媒体报道，开发人员正在努力实现一个目标——开发出可以通过东京大学考试的 AI 系统。在工厂，原本由人类操作的环节正在被机器人或自动化机械所取代，同时，事务处理和技术计算等程序化的工作也在逐步实现 IT 化。如果 AI 按照目前的速度继续发展的话，也许人类所有的工作最终都会被电脑所取代。

面对这样的担忧，可能不少人会认为："高知识水准的工作应该是很难进行电脑化的，所以我们要接受更高等的教育，掌握尽可能多的知识。"那么，从事高水平的工作时所必需的"高度的知识和思考能力"究竟是什么呢，只有人类才能做的工作又是什么呢？

为了让大家更简单直观地理解这个问题，可以参考图 1-1，我将高度的知识和思考能力分解成了两条轴线，分别为"专业性的高低"和"思考时的深浅"。

我们先来看第一条轴线，"专业性和日常性"。专业思考可以细分为学术与技术领域的思考。

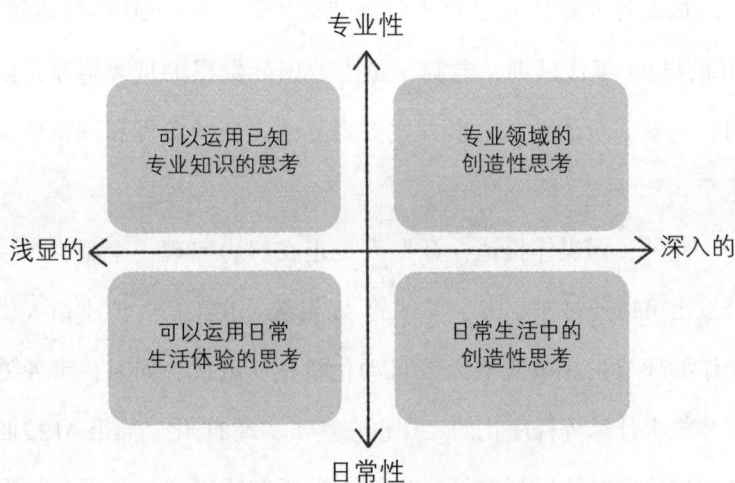

图 1-1 分解"高度的思考"

在这些领域，为了避免词汇定义的暧昧性，不同的专业中都存在着大量的、不同的专业术语，再加上需要以庞大的专业知识储备作为基础，思考专业领域的问题对于专业领域之外的人而言可以说是寸步难行。

与专业思考相对的日常思考，是任何人都无法避免的，对于日常生活事物的思考。由于涉及的词语是谁都明白的大白话，涉及的知识也来源于日常生活，所以对于任何人来说都不难。

再来看一下第二轴线，"浅显思考和深度思考"。所谓浅显思考就是，只关注事物的现象、形状以及颜色等表面的属性，或者只利用与表面属性相关的知识。

与之相对的深度思考就是，关注现象以及事物要素之间具备怎样的联系，或者因果关系等一系列深层次的问题，与此同时还要调动大脑中大量的相关知识，对它们进行重组，以构成新的知识。

换言之，浅显思考就是"程序化思考"，深度思考就是"创造性思考"。浅显思考，无论具备多么高深的专业知识，都很容易被电脑所取代。再者，**说起创造性工作，人们通常认为灵光闪现或者灵感迸发是非常重要的，但实际上深度思考才是重中之重。**

比方说在日本，如果想成为一名医生，首先要接受 6 年的大学教育，背诵浩瀚的高难度的医学知识。显而易见，医生这个行业需要具备相当的专业思考能力。不过，深度思考能力却只能通过经验来习得。因此，对于经验不足的医生来说，他们在为患者下诊断的时候思维仍然停留在使用学过的专业知识上，在诊疗的时候难免会把"如果病状是 X 的话，病因就是 Y，治疗手段可以是 Z1 或者 Z2"这样的模板生搬硬套到病人的个体情况中。

但如果是一位经验老到的，特别是被大家奉为名医的医生就不一样了。他们在诊断过程中会想："如果病状是 X 的话，病因可能是 Y1 或者受 Y2 和 Y3 的共同作用，也可能是受 Y4 和 Y5 的重叠影响。"首先将新知识加入自己储量庞大的医学知识中，再把从经验中得到的所有知识激活起来，然后分几个阶段追溯因果关系可能会带来的连锁反应，将所能想到的病因全部罗列在脑海中，再定夺最佳的治疗方案。

以上内容可以总结为，虽然我们常常认为进行高难度的工作需要"极强的专业思维"，但其实更重要的是"深度思考能力"。如果回到图 1-1 的话，深度思考可以用右半部分表示而非上半部分。

只要往 IT 系统或者 AI 软件内编写高强度的专业性知识，就可以让专业性强但是程序化（也就是可以进行浅显思考）的一些工作逐渐实现自动化。如此一来，无论人类具备多么高水准的专业知识，都有可能被机器抢走饭碗。

1.2 尝试深度思考日常事物

接下来可以再思考一下"专业性和日常性"这条轴线。

按照前面的说明可以得出一个结论："思考的深度"和"专

业的高度"是各自独立的两个概念。也就是说，可以对高度专业的知识进行浅显的思考，也可以对人尽皆知的常识或司空见惯的事物进行深度思考。

当然，拥有高学历的人并不意味着一定擅长深度思考。特别是从明治维新开始，日本政府改良了日本的教育制度，将如何高效地学习西方先进文化视为首要任务，因此比起深度思考能力，日本政府更侧重培养国民记忆知识和应用知识的能力。

高效教育法确实令日本尝到了赶超先进诸国的甜头。但如今，如果日本仍然不将教育理念朝着"深度思考"的方向转变，就很难再有新的发展。

前面的话题可能略为宽泛了，我们言归正传。**如果想锻炼深度思考能力，与其偶尔思考某个专业难题，不如养成经常深度思考日常事物的习惯更加有效。**

数年前在东京的某个地铁站，看着从站台延伸到检票口的长长的楼梯时，我突然发觉了一件怪事。楼梯中间设有扶手，扶手将人流分成了上行和下行两拨，但是上行方向的楼梯宽度大概是下行方向的 3 倍。

这样的扶手在很久以前就出现在车站了，以前从未觉得有任何不同寻常之处，但那天莫名地吸引了我的注意力。上楼梯和下楼梯的人数应该差不多（也就是说出站人数和进站人数差不多），所以乍想之下，认为把上行下行的楼梯宽度设置成一样的就够了吧。

我当时天真地以为只要稍加思考，就能得出正确答案了。

"因为上楼时步行速度较慢，所以要设计得宽敞些吧"，我觉得这个结论似乎说得通，就草率地将此事搁置在脑海里了。但紧接着第二天，却在另一个车站发现了反例。刚才例子中的那个车站，台阶是从站台开始向上铺设的，但是这个车站的通道是向地下延伸的，所以台阶是从站台开始向下铺设的。而且，车站台阶的下行方向的宽度是上行方向的 3 倍。

这样一来，我之前的假设就不成立了。那么，如果台阶的宽窄与方向无关的话，究竟和什么有关呢？

再试着思考片刻我发现，"较宽的一侧总是出站方向，较窄的一侧总是进站方向"，这个猜测正好可以符合两个例子的情况。不过，问题是"为什么会这样设计"。一段时间内出站进站的平均人数应该是大致相同的，似乎没有必要改动楼梯宽度。

正当我站在楼梯附近绞尽脑汁地想着"为什么"的时候，下一班列车到站了，车门一开，下车的乘客一起涌入站台，人流聚集在了楼梯上。这时我猛然意识到"随着车辆到达，出站的乘客会一起走向台阶，但进站乘客人数是按照平均速度的"。

如果可以意识到这一点，就能推导出结论了。台阶上行下行的宽度不是为了应对"平均通行量",而是为了应对"高峰通行量"而设计的。列车到达后,人群聚集在站台是极其危险的。通过此事我也认识到,"将人群疏散出站台"不论是出于对乘客的安全考虑,还是出于让列车运行得更通畅,都是非常有必要的。

这个例子告诉我们,日常生活中有许多耐人寻味的事物,可以当作触发大脑深思的契机。我们面对这个疑问的时候,首先会以浅显的思考方式试图寻求答案,不过很可惜这样得到的答案往往是错误的。以深度思考的方式进行探究,才能找到正确的答案。

这里让大家思考的不是什么哲学问题或学术问题,仅仅是关于"台阶分成左右两侧的时候,为什么宽度会有巨大差别"的小疑问。普通的大楼或者商业中心的台阶总是左右对称的,但车站站台的楼梯总会随着每班列车到达而涌入了团块状的聚集型人流。但是,站台中如果人群拥堵会非常危险,所以出于安全考虑大幅扩宽了"出站方向"的楼梯宽度。

即便是这种平凡的事物中,也有浅显思考和较为深度的思考(虽然这个程度也许还不能算是真正的深度思考)的差别。

日常生活中存在触发深度思考的无尽宝藏

1.3 从"深度思考"到"深速思考"

与深度思考几乎同等重要的是深速思考。

大脑为了达到快速思考的目的，经常会采取不经过逻辑思维加工的"直觉思考法"，直接引导我们得出答案。这样常常会令我们的思维局限于浅显的思考。中山正和先生是 NM 法这一思维方式的命名者和先驱，他在《松下幸之助的直观力》一书中解释了"直觉"和"直观"的区别。

"直觉是受到外界刺激时身体的自然反应，即直接的感觉，比如虫子会敏锐地察觉到气候的变化，人类可以感知某些情况中不安的'气氛'然后逃离现场。直观则只适用于有记忆力的动物，是飞禽走兽以及更高级动物的特权，当置身于某些新环境的时候，可以自动地从过去获得的经验中筛选，并且找出对现在有帮助的记忆，然后约束自己的行为。"

中山正和先生这里提到的"直觉思考"是指动物的第六感，即通过视觉、嗅觉等感官获取信息然后从中察觉出危险的能力。

不过这仅仅是快速思考，还称不上深速思考。与之相对的"直观思考"是指从过去的体会和经验中提取出各种知识，将这些知识进行重组，然后得出适用于现实情况的新知识。这才可以称为深速思考。

同时，著名"失败学"的研究者，东京大学名誉教授畑村洋太郎先生在《畑村式"明白"的技巧》中表明，"以直观能力弄明白事物"就是"跳跃性思维"（如图 1-2）。

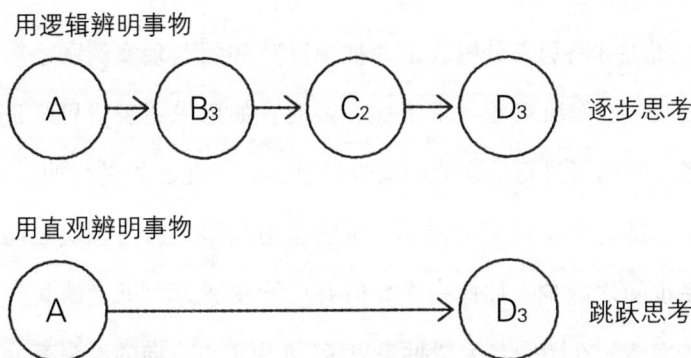

用逻辑辨明事物

$$A \rightarrow B_3 \rightarrow C_2 \rightarrow D_3$$ 逐步思考

用直观辨明事物

$$A \longrightarrow D_3$$ 跳跃思考

出自：畑村洋太郎《畑村式"明白"的技术》（讲谈社现代新书）

图 1-2　直观是什么

不按步骤思考问题也能够做出正确判断的就是跳跃性思维。之所以具备做出正确判断的能力是因为我们有过实战"经验"，对此类事物进行过透彻的思考和充分的实践。得益于这些过往的实战经验，大脑中形成了新的思考回路，因此可以对面临的问题发起猛烈且快速的思考攻势。

但这样的直观思考，是一种无法系统学习、无法全面掌握的能力，因此具备此能力的人和不具备此能力的人往往差距很大。直观能力既不能被所有人掌握，也不存在所谓的训练法，归根结底只有让自己尽量在实践中"精益求精做到极致"了。

我所提倡的"深速思考法"的目标介于逻辑思考和直观思考之间。因此，吸取逻辑思维和直观思维中各自的"优点"显得尤为重要。

图1-3将思考分解成了"抽象度"和"与现实的联系"两条轴线。在解决难题寻求最优方案时，如果采用逻辑思维进行思考，那么可进行组合的选项数量过多，因此必须进行抽象化。但是，随着抽象程度的提高，事物会愈加单纯，与现实之间的联系也随之减少。如此一来，极有可能发展为"纸上谈兵"一般的空谈。在图中名为"抽象思考"，用垂直方向的箭头表示。

另一方面，"直观思考"是保持与现实的联系，不在意识当中进行抽象化，而是在无意识状态下进行思考的方法，在图中用水平方向的箭头表示。它可以让我们进行深速思考，是非常卓越的思考方法，不过正像刚才说过的，由于此方法掌握起来非常困难，导致人与人的个体差异也十分明显。

对此，我提倡的方法是"抽象化思考"，在图中用一支从右下角向左上角延伸的箭头标记。

抽象化思考是与现实保持一定联系的同时，渐渐提高抽象程度的一种思维方式。这也是和纯粹的"抽象思考"不一样的地方。同时，强化这个能力的方法也是深速思考法的核心，也就是后面将要介绍的"因果关系示意图"。

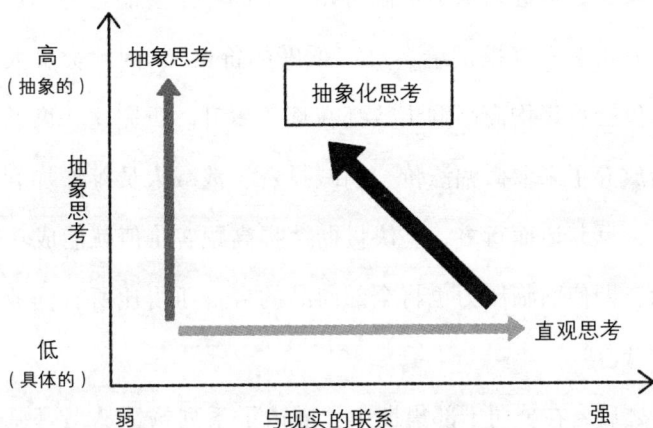

图1-3 保持与现实之间联系的同时提升抽象度

1.4 亚马逊的"秘密配方"——小小一张图

亚马逊作为世界最大的线上零售企业，历经风风雨雨一步步地构筑起了庞大的"商业帝国"，可以说它今日的辉煌大部分要归功于公司创始人杰夫·贝佐斯坚定不移的信念和强大的执行力。

在创业初期阶段，亚马逊斥巨资在世界各地整合了完善的物流中心，但连年赤字，很多证券分析师都对它的经营策略进行了抨击。2001年，正值IT产业泡沫崩溃时期，亚马逊与其他互联网企业一样面临着破产的危机。

　　某天，贝佐斯从会员制折扣俱乐部好市多的总经理那里听说，好市多一直提供给会员"低廉的价格"，因此会员人数以及每位会员年均商品购买数都在逐年攀升。听完这一席话的贝佐斯放弃了采取微幅涨价、削减投资、裁减人员等增加利润的政策，反其道而行之，坚决贯彻"提高顾客价值就能成功"的理念，即使面临压力也将全部商品的售价压得比所有同业竞争者要低。

　　之后，在公司干部集训中，邀请了系列畅销丛书《基业长青》的作者吉姆·柯林斯。柯林斯先生在集训中说明了《基业长青2》中所提倡的"飞轮"思考法。

　　"飞轮"即"良性循环"，是将几个因素形成循环状态，每次循环运作的时候事态就会好转，是一种因果关系结构。

　　听完柯林斯先生的介绍之后，贝佐斯和亚马逊的管理层立即动手绘制了亚马逊良性循环的概念图（如图1-4）。建立起了"降低价格→增加顾客流量→增加销售额→增加亚马逊平台的第三方卖家→增加手续费收入→增加固定成本回收额→促使价格更低廉"的良性因果循环关系。

　　无论加速这个飞轮中的哪个环节，车轮的运转都会加快。亚马逊的管理团队在创立公司5年以后，终于通过这张图弄懂

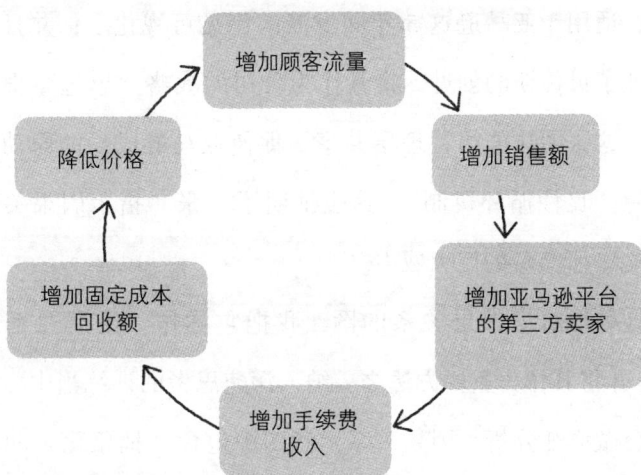

图1-4 亚马逊的"飞轮"

了"商业原动力"的原理。这张图被贝佐斯视为亚马逊的"秘密配方"概不外传，甚至不允许将这张图放入报告资料中递交给证券分析师。

正是这张简单的图令亚马逊坚定立场，降低价格，提升客户服务，进而钳制竞争对手，最终登上了线上零售行业第一名的宝座。

类似于飞轮图这样突出事物在本质上的因果关系的示意图，要比几百页的报告更具有价值。

重要的一点是，贝佐斯并不是通过这张图构思出了亚马逊的商业模式，而是通过这张图将贝佐斯在无意识状态下构思出来的，适用于亚马逊这 5 年间发展的创见可视化了，并且有力地佐证了贝佐斯的创见，将其作为公司的战略"思想"根植了下来。这张图让公司管理层共享了促使亚马逊成长的原动力密码——"良性循环机制"。这也证明了一张"指示因果关系的图"之中所蕴藏的巨大威力。

这种指示出因果关系的图，我把它称作"因果关系示意图"，并将其作为重要方法之一纳入深速思考的训练当中。稍后书中会做详细分析，因果关系示意图中包含"抽象化"和"以因果关系表示事物结构"这两个方面。

1.5　他山之石，可以攻玉

亚马逊管理层通过绘制出的图，将公司经营模式抽丝剥茧提取出了本质内容，是一个极其抽象的模型。虽然起到了坚定企业信念的作用，但对于具体战略布局而言还是太过于抽象。即使我们迅速地弄懂了复杂事物背后的"深层结构"，如果不从中推导出行之有效的具体解决对策的话，也不可避免成为一场空谈。

高学历人群抑或"头脑聪明"的人里面应该有很大一部分人擅长从已知的知识中挑选出有用的内容。因此，对于他们而言，解决一个已知答案的问题往往是小菜一碟，而面对一个与以往不同的状况而又被要求做出现实的解答的时候，又经常会令他们束手无策。这类人才非常适合在政府或者大型企业做一些有既定模式的工作，比如业务计划或者管理工作等。不过，要是让他们创业或者开展新业务的话就不会那么一帆风顺了。

话说回来，对于现在站在成长岔路口的日本而言，如果不想"衰退"的话，就必须下功夫革新出更好的创业以及商业模式。所以，现在的问题是如何构思出那些"突破性的并且可行的方案"。

提及革新或者构思，很多人会误解"所谓突破性的创见，其实是凭空冒出来的"。但实际上，即便是天才，也是以从别人或别处借来的创意为基础进行构思的。

爱因斯坦曾经说过，"创意的奥秘是知道如何隐藏你的创意来源"。也就是说，即使是爱因斯坦这样的天才也要借用非物理学领域的知识，把从别处获得的灵感重新组合，迸发出撼动物理界的创想。所谓"隐藏创意的源泉"是指尽可能从与研究对象不相干的领域里借用构思，来掩盖"借用构思"这个行为本身。

比如说，便利店借用其他连锁便利店的创意应该是家常便饭了，这种借用谁都可以模仿，并不具备竞争优势。此外，不仅是便利店行业，"业界常识"会在很多情况下束缚大家的思维，让我们脑海里浮现出来的都是常识范围以内的毫无新意的构思。

但是，如果可以借用服饰或者快餐等其他行业的思维，就可以摆脱掉业界常识的束缚，构思出其他便利店难以捉摸的好点子。另外，如果可以从医院、学校或者其他"与企业经营无关的领域"，再或者可以从音乐、数学等"完全不同的专业范围"中借用创意的话，可能会产生更具跨时代意义的构思。

如果从自己所在的行业借用构思，就是模仿，就是剽窃。大家对此的反应一般都是嗤之以鼻，"这种东西谁不知道呢"。但是，如果从相近的行业借用就变成了崭新的构思，对此大家会说"哎呀，居然还有这样的办法"。再往前进一步，如果能从毫不相干的领域借用构思，就是天才一般的灵光乍现，大家会说"我挠破脑袋也想不明白他怎么能有这么棒的创意"。

因此，**从他处借用构思的时候，需要看透两个不同事物之间的相似性，需要具备"类比思考的能力"，这一点对我们来说至关重要**。

逻辑思维是一种非常优秀的思考方式，但是在"构思的广度"上略有欠缺。换言之，如果在创新程度不怎么高的情况中还可以用一用，不过，如果指望逻辑思维可以帮助我们拼凑出一个革新性很高的构思就很困难了。因此，"借他山之石以攻玉"是最有效的方法。简而言之，如果有任何人在任何地方已经解决了具有相同构造的问题，那么我们不客气地借用过来就是了。

重申一点，如果仅仅是拾人牙慧，就和日本明治维新以后一直实行的教育制度——"原封不动地借用西方智慧"没什么差别了，这种行事风格是绝不会掀起任何变革的。正因如此，我们必须首先认识到一个至关重要的问题——乍看之下毫不相干的"相隔很远的领域""完全不同的专业"里面也许藏着最具有借鉴价值的金点子。

那么，下面我将举一个"他山之石，可以攻玉"的经典案例。

1.6　遥借"他山之石"的德国军队

第一次世界大战前，俄法两国早在1891年便缔结了盟约。从地理位置来看，俄国在东，法国在西，因此德国陷入了腹背受敌的危机。德国向东西两方增修铁道，这样即使俄法两国同时举兵，德国也能随机应变地利用铁道输送军队奔赴前线。

不过，问题是即使修缮了铁道，也没有"在短时间内利用铁轨输送大批量军队的方法"。正当愁云密布之时，德军兵站（负责军队作战时必要的士兵、物资运输和补给等支援活动）的专家从军事以外的领域得到了解决问题的启示。大家先猜一猜，这个领域究竟是什么呢？

答案居然是"美国的马戏团"。这个兵站的专家在读报纸的时候看到了一则报道："美国的马戏团拥有专用列车，这台列车可以装载大量的马戏团员、动物以及大帐篷等设备，并且只需要一晚就可以到达别的城市，一点也不耽误下一场演出。"

当时，美国的城市星星点点地散落在辽阔的国土上（话说这一点现在也一样），城市之间虽然有铁轨连接着，但在信息落后的那个年代，城镇乡村的文娱活动似乎只有电影或者马戏团之类的演出了。美国马戏团乘着特别定制的专用列车，行驶在铁道上，从一个城市穿行至另一个城市，一场接一场地进行着全美巡回演出。

得知此事后，德军立刻派专家前往美国，学习马戏团是如何利用铁轨大批运输成员的。看到马戏团撤下巨大的帐篷，将包括猛兽在内的动物们搬进货运车厢中的情景，德军专家欣喜若狂，立刻埋头进行研究。最具有参考价值的是，美国马戏团按照用途分门别类地研制出不同的货车车厢。这点恰恰打破了德军的常识。

德军专家首先将自己要面临的问题抽象化，然后在世界范围内寻找把"短时间内撤退、移动、筹备大量人和物资"做到极致的组织，最终聚焦于美国马戏团（图1-5）。如果只进行表面肤浅的类比，那么从一开始德军就会认为，"军队向马戏团学习简直是天方夜谭"或者"军队和马戏团根本就是两个概念，无法借鉴"。

德军向马戏团学习好处很多。首先，从本质上而言，德军与美国马戏团所面临的是同一个问题，并且美国马戏团早在几十年前就遭遇到了。其次，美国马戏团的解决方案是历经了长期的反复试错与改进创新的结果，具有很强的实用性。再次，马戏团没有"军队常识的限制和先入为主的观念"，所以与军队考虑问题的出发点也不一样。

1.7　日积跬步，终至千里

正如前面介绍过的，直观思考是以在某个领域积累的大量经验为基础发展起来的思考能力。我们不妨举一个体育界的例子说明如何更高效地培养这个能力。

过去，体育竞技中为了培养运动员常常会对运动员进行一系列专业的、严格的训练，被称作"地狱特训"或者"魔鬼训

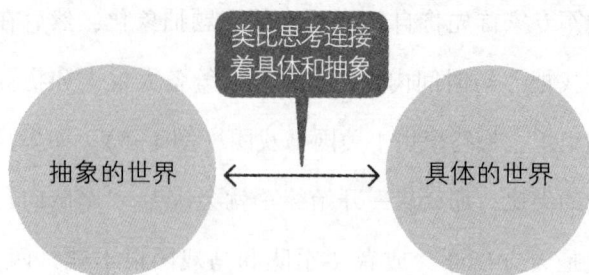

类比思考连接着具体和抽象

抽象的世界 ← → 具体的世界

抽象地表达课题

大批量人和物资在短时间内撤退、移动、筹备

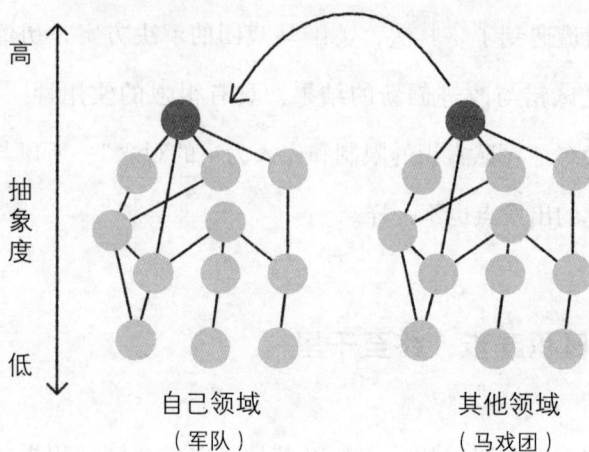

高

抽象度

低

自己领域
（军队）

其他领域
（马戏团）

图1-5 连接抽象和具体的深度类比

练"等，体育界似乎更崇尚反复练习的精神主义方法。最近，
得益于体育科学的发展，一些更为合理的训练方法正逐渐地被
大家采纳。

想必大家听说过 NHK 电视台播出的动漫《网球优等生》（胜木光/讲谈社）吧。我也是碰巧在网站看到了这部连载动漫，瞬间就着了迷，一口气看完了一整部。这部动漫令我着迷的原因非常简单，就因为这部动漫中恰好蕴含着"革新的秘诀"。

漫画梗概是这样的。主人公是一位高中一年级新生，也是一个从小踏踏实实学习，从小学开始各科目成绩就是全 A 的优等生。由于机缘巧合，开始正式练习网球。高中三年级，主人公终于成长为一名专业的网球选手，参加全日本青少年网球大赛。这部漫画的关键点在于**"像婴儿一般蹒跚学步（比喻像小孩子走路一样，虽然一步一步走得很慢，但在前进），每天'突破一点'自己当前能力的极限，咬紧牙关将训练坚持下去，有朝一日会不负汗水成为了不起的专业选手"**。

故事情节中设置了不少劲敌，有的人是天生的运动健将，有的人因为父母经营着网球俱乐部，自小就参加过网球特训。高中一年级才开始练习网球，再加上运动能力并不出众的主人公可以说是处处碰壁。资质平平的主人公如何一一击败这些对手，斩获桂冠，就是漫画的魅力所在。漫画作者本身也有网球的经验，而且据称，作品中出现的各种训练、战术、技巧都是基于充分的论证和采访进行描写的。

漫画中描绘的提高网球技术的秘诀，可以概括为以下三点。

①用笔记本记下在所有比赛中遇到的对手，仔细记录他们的打球习惯、风格以及击球路线。如果在下次比赛中又要和曾经的对手同台竞技，就可以一边翻看笔记本一边考虑对策进行练习了。

②每盘比赛结束之后要深入思考失败的原因，将分析出的结论立即用在下盘比赛当中，也就是把"PDCA 循环"的理论高效地运用到实践当中。特别是对于自己苦苦追寻却无法实现的目标，如果稍微有了一点进展，就应该记住此刻的成就感，并不断摸索再现这种感觉的方法。也就是说，不要再像从前一样闷头苦练，而要以内省的姿态进行深度思考，并将自己的反思及时地应用在下一场比赛中。

③在训练时，要设定一个十分困难而且自己能够到达的具体目标，每天朝着这个方向努力练习。由于主人公的身体素质并不占上风，所以不能依靠击球的力量，而要通过提升击球的准确度，与对手一决胜负。因此，必须要进行击球精确度的练习，主人公在一开始只能准确击中对方场地的十六分之一。他必须通过反复练习获得更高的准确度，目标是可以把球击进对方场地的六十四分之一。在接下来的训练里，主人公就朝着这个目标日复一日地练习。

其实这与革新理念的诞生如出一辙。

也许像史蒂夫·乔布斯这样的天才可以借助才能和智慧一步到位得出具有创见的构思。但即便没有运气生为天才，如果我们能坚持每天来一个"小构思大飞跃"，那么天才般的革新理念总会不期而至的。再不起眼的点子也没关系，**重要的是，每次都能攻破"常识壁垒"向外跨出一小步。**

遗憾的是，对于不具备天才般的直观力的普通人来说，想成功地超越自己的"常识壁垒"并非易事。在此之前，需要先学会更深入、更快速地思考问题。深速思考法的目标之一就是让普通人也可以构思出超凡的金点子。

1.8 每天"为难一下大脑"的效果

如图 1-6 的概念所示，我们普通人可以通过深速思考法循序渐进地提高构思能力。图的左上方表示人们通常会受限于已知的常识和已经掌握的思考方法，只能在一定的范围内进行构思。

对我们来说，挣脱常识的束缚，在常识范围以外很远的地方进行思考的确很难。有时候无论怎么努力在脑海中搜寻新构思，碰到最多的还是死胡同。如果继续让自己停留在既定的框

向外很远（难）

稍微向外

内部
（理所当然）

常识和思考的范围

日积跬步，终至千里

展望

常识和思考的范围

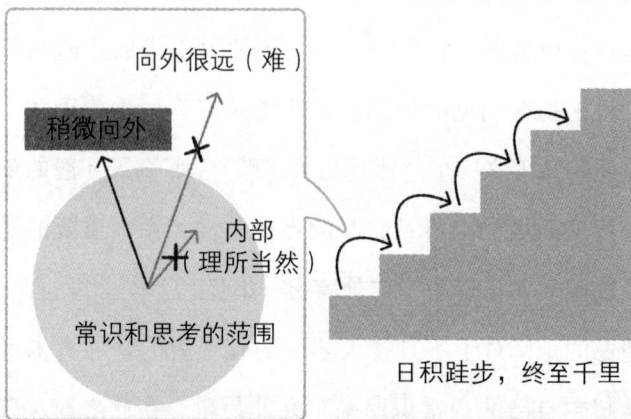

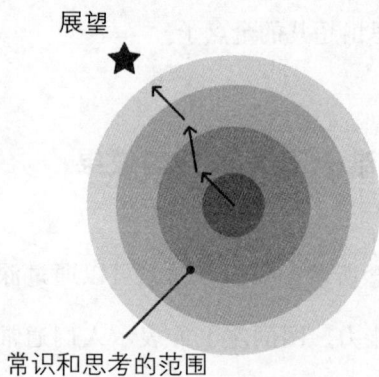

图1-6 不断"为难大脑"，锻炼思考能力

架内思考，就只能给出一些浅显的答案。

但是，如果给大脑一些压力（也就是为难一下大脑），普通人也会被压力推向常识或者思考范围之外进行构思。我们可以

试着设定一个目标，不妨设定一个在大家看来无异于天方夜谭的长期目标（就是展望），然后摆脱思维框架的束缚进行构思，并且坚持这种训练。

古人有云："铁杵成针。"又有云："千里之行，始于足下。"从古到今最重要的是就是坚持，要让自己一步一步地向"常识之外"突破。当我们展望着远方的目标，坚持让自己的思维向外突破一点点，就可以切身体会到如图1-6下半部分所示的过程。我们的常识和思维在不断扩展。坚持一年，思维的广度会扩大到连自己都惊讶的程度。

总结而言，要想突破常识的边界，深度思考能力显得至关重要。为了让自己更好地坚持下去，还得学会快速地思考。向常识之外迈出一大步也许需要天才的直观力，不过，向外迈出一小步的话，普通人经过训练也可以做到。

这也是深速思考法的基本概念。

首先为了之后的深度思考能够顺利进行，我们要先接受基础训练，也就是制作上文中将因果关系图像化的"因果关系示意图"，以及制作从其他领域借用构思的"类比思考法"。并且为了达到训练效果，还要试着解答一些问题，思考这些问题的时候都需要尽可能地扩大思维的边界。随着思维边界的扩大，问题的难度也会逐渐提高。

通过这些训练，你的思维广度会被渐渐扩展开来。就好比是走楼梯时踏上了一个台阶。每一次思考能力的提高，就像是婴儿学步一样，虽然每一步都很蹒跚，但如果做到"日积跬步"，定会"行至千里"。

每天超越一点常识，逐步扩大思考范围

思考小提示② **排队的方式**

现在，我们通过一个例子——"队列的形状"学习如何在日常生活中对事物进行质疑和分析。

超市也好，银行也罢，只要有很多顾客办业务的地方总是避免不了排队。关于排队，大致有图1-7所示的两种形式。左边是各队列——对应工作人员（收银台或者窗口）的方式，右边是将队列归为一大行，顾客自行填补到下一个空闲的窗口的方式。

回想一下就会发现从前大都是按照左边的方式排队的。不过，现在大部分采取右边的排队形式了。还在排数行小队伍的地方似乎只有超市收银台了。

很久之前银行的 ATM 机就开始采用右侧的方法排队了，现在便利店以及药妆店也逐步开始采用这种形式的队列。银行的窗口以及手机零售店先取号再等待叫号的方式也与右侧所示的概念大致相同。

那么先来思考两个问题。第一，"为什么几乎所有的营业场所都采用了汇总一列队伍的形式"。第二，"为什么在超市顾客还是各自挑选收银台，分开排队"。

首先，如果将队伍归为一列，即使每个窗口排队速度不尽相同，顾客们还是会按照先来后到的顺序办理业务，进而可以消除顾客在排队时的不安情绪。收银台的结账顺序与购物数量以及收银员的操作熟练度有关，银行各窗口也因为办理业务的不同而有不同的处理速度。只排一队最大的好处就是，打消了顾客们"后来的人先办业务"的担心。

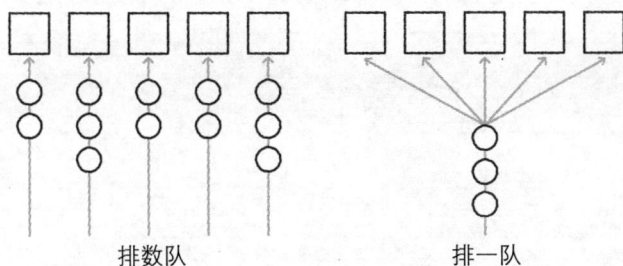

排数队   排一队

图 1-7   两种排队形式

那么，为什么超市还是保持着每个收银台都有队列？

其实很简单，比起便利店，去超市购物的顾客一般购买的东西较多，购物时间也较长，众多顾客如果排成一大行队伍就会浪费超市里较大的空间，影响购物环境。

第二章

深速思考法的基础和
提高思考精度的方法

2.1　掌握深速思考法的基本原理

通过本章内容，希望可以让大家理解深速思考法的基础。

深速思考法的基本原理如图 2-1 所示。深速思考法的目标是，以常识之外新的构思解决现在面临的问题。因此，第一步就是"认真地观察现状"。

图 2-1 的上半部分其实就是在第一章中出现的图 1-3 的详细版，横轴表示与现实联系的强弱，纵轴表示抽象度的高低。如果实事求是地、仔细地观察现实情况，那么与现实的联系就会非常强，得到的信息也是没有经过抽象化处理的。即图 2-1 中的①。并不是要一步到位地让现实事物抽象化，而是先提取事物中的因果关系，然后为了让自己更直观地观察事物的结构而绘制出因果关系示意图（图 2-1 中的②），这个训练方法就是"抽象化思考之一"。

因果关系示意图就是，**省略了现实中对因果关系没有影响的因素，并以图的形式表现出要素之间关系的指示图**。

下一阶段的训练中（抽象化思考之二），将进一步减少出现在因果关系示意图中的要素，以绘制出抽象度更高的示意图

（图2-1中的③）。通过绘制因果关系示意图，我们可以弄明白现实问题中的"本质性课题"。

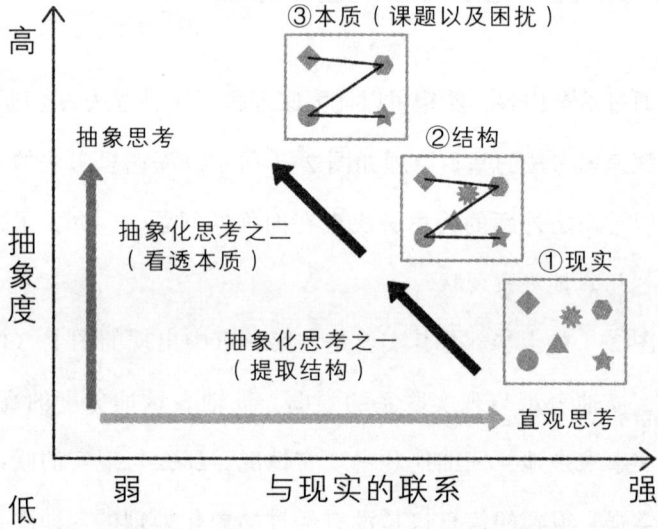

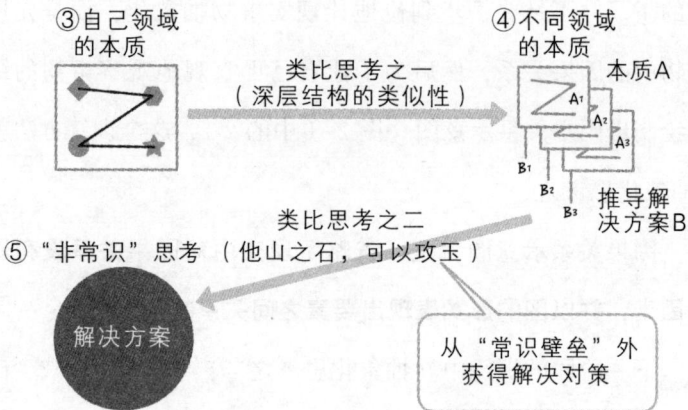

图2-1 "深速思考法"的全景图

其实如果可以弄明白本质性课题，那么很多情况下问题就迎刃而解了。如果本质性课题是无法以职场、企业、业界常识去解决的"绝对不可能的课题"，我们就必须用"类比思考"这个法宝，来试着"遥借他山之石"了（如图2-1下半部分所示）。首先已经从③中提取出了本质性课题，然后从尽量与③无关的领域借用（类比思考之一）具有类似结构的课题——课题④本质A，并将课题④本质A的解决对策B运用到自己的课题中（类比思考之二）。如此一来，一个适用于自身或自己公司领域的"脱离常识"的构思⑤就诞生了。

其实上面这番话用具体案例解释会更加简单明了，接下来让我们回顾一下在序章中出现的两个问题。

请看图2-2。第一个问题是关于治疗肿瘤时使用光线的问题。如果把光线强度调至杀死肿瘤的强度会破坏健康组织，导致患者死亡。

另一方面，将光线调节至不破坏健康组织的强度又无法消灭肿瘤，患者还是会死亡。状况如图2-2中的A所示（相当于图2-1的①）。如果把事情结构图像化，就得到了B。其实，B也可以理解为图A的因果关系（相当于图2-1的②）。

将其进一步抽象化得出图2-3。因为这两个问题都很难，没有办法通过将因果关系图像化来解决。为了获得解决问题

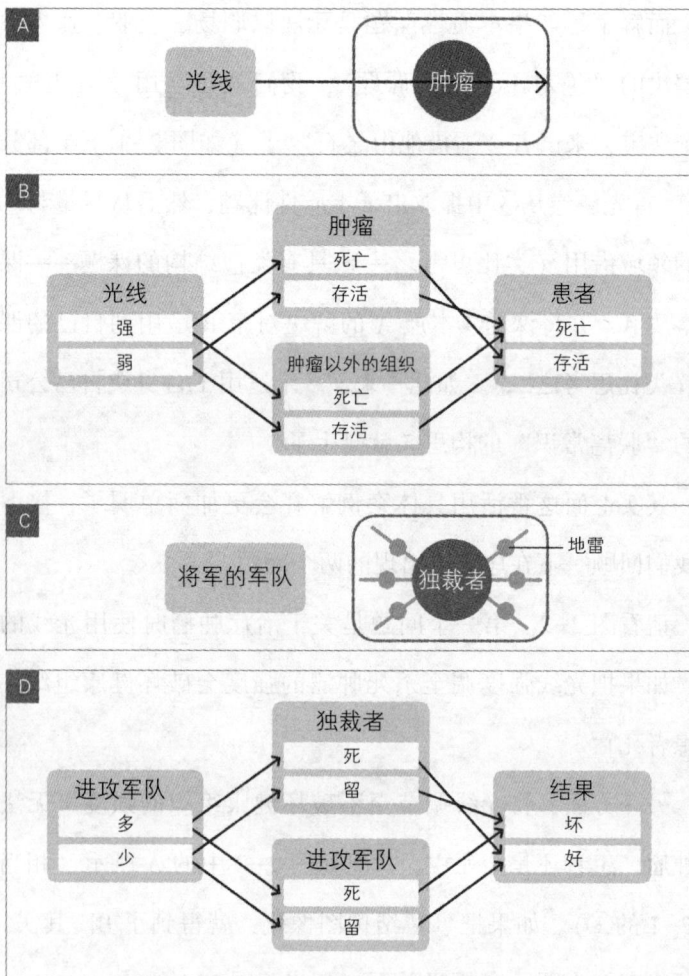

图 2-2 将两个案例抽象化

的灵感，要从其他领域借用构思。如何消灭深居要塞的独裁者的这个问题的结构如图 2-2 中的 C 所示，因果关系如 D 所示。

提高 D 的抽象程度之后，就得到了图 2-3。总之，其实这两个问题里面拥有一样的"深层结构"。如此一来，如果解决方案适用于其中一个问题的话，那么毫无疑问另一个问题也同样适用。也就是说，"他山之石"，足可攻玉。

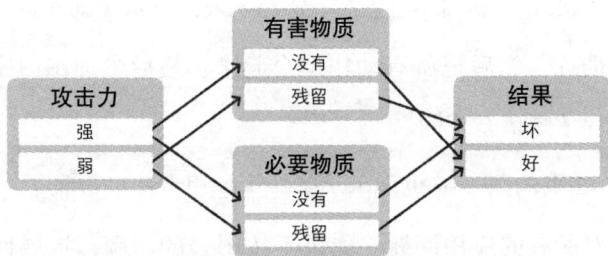

图 2-3　提高抽象度

比方说，对于第二问，如果想出了"如果将军把军队分成数支小分队，从不同方向进军要塞即可打倒独裁者"，那么，将这个回答套用在问题①的肿瘤治疗上就行了。

高效地提高深速思考的能力，不是依靠全神贯注或者坚强意志，而是应该利用人脑的特性。

似乎很多人认为，人类大脑的结构早在孩提时代就已经大致定型，成年后不再会有什么变化了。但是，据最近的研究结果表明，不论年纪多大人类的大脑结构都在不停地变化。总之，如果能将大脑改造为适应深速思考的结构，就可以进行更快、更高效的思考了。问题是，如何启动大脑中"深速思考"的模式呢？

下面先用棒球等体育运动的训练做个类比。

如果让完全没接触过棒球的初学者冒冒失失地参加练习赛是不会让球技有任何进步的。应该先将棒球的几个基本动作"投球""接球""击球""跑垒"分解开来，对每个动作进行扎实的基础训练，然后把所有动作结合起来，最后参加练习赛，这样的过程才是最合理的。

第42页的图1-6也展示了坚持深速思考法的效果。

面对所有的应用问题，如果不按图表的步骤，扩展回答者的思维的话，是无法顺利解答出来的。因此，在解答应用问题的时候，只有先突破自身的思维壁垒，然后才能毫无障碍地进行深速思考。这也是许多学员反馈自己似乎"激活了平时没怎么用到的大脑的一部分"的原因。

2.2　抽象化能力是基础

正如上节所说的，所谓的深速思考并不是观察了现实现状后就急着将事物抽象化，而是一点点地提高抽象程度。这就是代替抽象思考的"抽象化思考法"。

抽象化思考就是结构化，或者说"使事物背后的深层结构可视化"。在序章中，我们从心理学的角度探讨过了，人类的大脑更习惯于关注流于表面的事物，而非进行深速思考。除了处理一些"不知怎样才好"的棘手状况时，很少会用到抽象化思考。那么，想要练就深速思考法，必须从抽象化思考训练开始着手。

如图2-4所示，将事物的深层构造可视化的方法表现为"树状图"和"网状图"这两种形式。

左边的树状图，在分解事物时非常有效。比如，从产品的基本功能入手，可以将其以递进的形式分解开来。

树状图   网状图

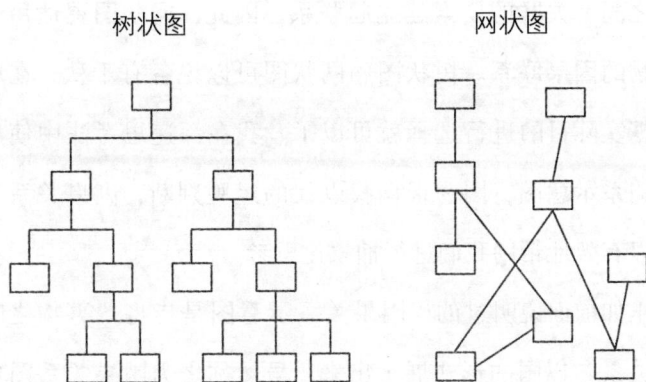

图2-4　深层结构可视化的两幅图

以手电筒为例，其基本功能就是"照亮前面有限的空间"，下一阶段的功能可以分解为"产生光源"以及"将光投射到前面狭窄的范围中"。"产生光源"这一功能又可以分解为"储蓄电能"、"将电能转化为光能"以及"开关闭合电源"等。

按照这个方式，树状图如同大树一般，枝干之外可以再进行分支，分出去的小枝干之间不能进行横向连接。

树状图多用于逻辑思考，非常适合利用逻辑将事物进行分解，从而使各分解项之间没有概念的重叠。并且，可以宏观地让我们感知自己的思维触角是不是已全面覆盖了目前亟待探讨的问题（被称作"MECE"枚举分析法），树状图可以说是帮助我们系统而又全面地探讨事物的得力助手。

与之相对的网状图，是将事物分解为独立的要素，然后将互相之间有关联的要素建立起联系。因此，**网状图更适用于表现事物的因果联系**。树状图和网状图可以说各有千秋，在应用时根据实际目的进行选择就可以了。我在深速思考法中使用了因果关系示意图，因为根据我以往的经验判断，因果关系示意图可以有效地帮助我们进行抽象化思考。

正如前面说明过的，因果关系示意图是指将"事物之间的因果关系"以图的形式展示出来。虽然称之为因果关系图也无伤大雅，不过它就像地图一样为我们指明方向，告诉我们如何利用正确的思维，所以我称之为示意图。

我在本书中使用了两种因果关系示意图。一种是将"原因"和"结果"分别放入方框内进行标记，并以箭头的形式进行连接（图2-5）。这也是最容易理解的一种表现方法。

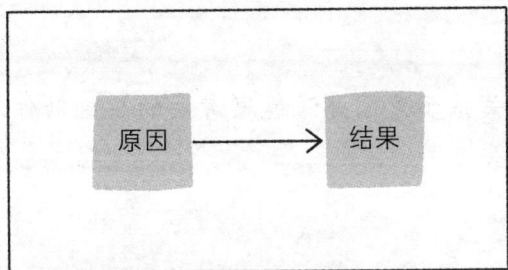

图2-5　箭头连接"因"和"果"

另一种示意图是把相互之间有影响的"变量"连接起来。变量就是"具有变化，以量的形式表现"，在深速思考中我将其放入圆框内进行标记，区分开原因和结果（关于变量型因果关系示意图后文会做详细解释）示意图。

展现因果关系的示意图经常应用于再现历史事件，而罗列变量的示意图经常应用于介绍产品的特性上。虽然它们各有所长，但其实这两种示意图几乎通用于任何场景。

因果关系示意图是深速思考法的基础。用棒球来打比方就是投球或者击球之类的基础动作。

因果关系示意图的训练方法是，首先阅读一篇难度适中的文章（A4 大小的纸一页左右），然后将其以段落块的方式进行概念化分解，再去揣摩段落大意（抽象化），接着去发现"段落与段落间"的因果关系，最后将因果关系图像化。

第三章要说明如何在实际演练中学会绘制因果关系示意图。

因果关系示意图是深速思考法的基础动作之一

思考小提示③　预防捕蟹船事故的非常识性思考

苏联的捕蟹船在北太平洋作业时经常会发生严重的事故。航行在零下数十摄氏度的严寒里，穿梭于滔天巨浪中的渔船，船身表面会慢慢地被坚冰附着，船的重心渐渐上移，最终酿成翻船的惨剧。许多渔船在事故中倾覆，众多船员在事故中丧生。

为了扭转严峻的事态，苏联发动了一批专家，绞尽脑汁地思考对策。专家们先是采取了用船只引擎自身的热能制造温水，然后将温水浇在船身的冰上的方案。但是，利用引擎发出的微弱的热量无异于"杯水车薪"。即便是另外使用燃料加热引擎也完全达不到足够的水温。

正在一筹莫展之际，有个人开始在脑海中还原海冰附着船身的原理。船身上的冰层并非是直接由海水冻结的，而是一部分海水因为强风巨浪高高扬起成为水花，这些水花在零下数十摄氏度的大气中迅速凝结成冰粒，然后强风将其拍打在船身附着为薄冰，随后冰层在不知不觉中日渐增厚。

　　思考片刻就会发现，海水再冷也不过零下几摄氏度，而船身的冰层温度和大气一样，也为零下几十摄氏度。使冰融化确实需要一定热量，但其实水的热量就是"温度差"乘以"水量"。海水温度在最低的时候也要比冰高出几十摄氏度，并且对于行驶在茫茫大海上的船员而言，海水是取之不尽的资源。

　　想到这里大家终于总结出了一个方案，"把海水用水泵汲取出来，再浇到船身上"。只要海水不变成小水珠就不会被大气凝结为冰粒，还可以融化掉已经附着在船身上的冰层。

　　其他专家从一开始就被挡在"必须通过加热海水来解决问题"的常识壁垒之内，被先入为主的观念所迷惑。而获得突破性思维的人是先把问题的结构图像化，再寻找解决问题的线索。

"因果关系示意图"的绘制方法

3.1 绘制因果关系示意图的五步

我们可以先读一本书或者一篇报道，然后以此为例分五个步骤讲解如何绘制因果关系示意图。除了书籍报刊之外的信息源，也可以按照这个思路进行加工。

①找段落。
②提取段落中的要素。
③给要素贴标签。
④用标签寻找段落间的关系。
⑤将同类段落的关系（整体结构）图像化。

在初读文章时，就要有意识地寻找其中的"段落"。因为书或者报道本身就具备自然的章节或者段落，不妨以此为线索（①）。

然后，提取出段落中重要的部分，给这些内容贴上"标签"。标签就是用言简意赅的词汇总结段落的内容。换言之，标签就是将段落经过抽象化得出的内容（②和③）。

贴完标签后，一目十行地扫过所有标签，寻找出段落与段落的关系（通常为因果关系）。段落间的关联正是文章的整体结构，也正是因果关系示意图的核心部分（④和⑤）。

序章中列举了两个问题，分别为如何利用光线治疗肿瘤和如何攻破独裁者的要塞，从而得出"人脑不善于抽象化思考"的结论。人脑很容易被浮于表面的、细节的因素所干扰，所以往往很难看清事物的深层次结构。绘制因果关系示意图正是为了帮助我们克服"大脑的缺陷"，透过现象看本质。

那么，不妨首先以娱乐圈的案例为素材，尝试一下绘制因果关系示意图的"磨合练习"。

3.2 以因果关系示意图总结"AKB48 的成功要素"

说起日本现在当红的"国民偶像团体"，AKB48 应该是大家最为耳熟能详的。她们之所以能获得今日的成就，主要是因为其独特的团体结构，我试着列举出了以下六点。

①A、K、B 三支队伍各有 16 名成员，构成共计 48 人的庞大团体。

②1 队和 2 队（研修生）的成员都处于待机状态，如果 1 队成

员中有无法登台的特殊情况，2队成员可以进行替补演出。这是2队成员晋升至1队的途径，也无形之中给1队成员带来了压力。

③秋叶原设有专用剧场，每天都进行现场演出。这种"无论何时都可以见到偶像"的形式非常受粉丝的追捧。

④举行由粉丝投票的"选拔总选举"并公布得票数，由票数决定哪些成员可以在下一首新歌中担任主唱。

⑤由于给成员们带来了巨大的压力，从而促使团队中的竞争意识不断提高，所以每个人都拼尽全力坚持训练。

⑥AKB48的成员不同于普通偶像，一开始她们并没有什么可圈可点的出彩之处，但是随着训练，她们一点点地进步，并且在公演中向粉丝们反馈。对于粉丝而言，这也是非常吸引人的地方。

大家在以上六点中获取到了多少信息呢？当然除了①~⑥，AKB48所尝试过的独特构思远不止这些，我们暂且只提及这么多。

那么，不要止步于列举出这些特征，让我们趁热打铁剖析出其中的因果关系吧。首先请看图3-1的左半部分。

在这一部分中以图的形式展现了可以从①和②中读取到的信息。1队再加上2队成员组成了多达48人的庞大家庭。不仅1队内部存在着竞争，同时又有被2队成员取代的危机感，无形

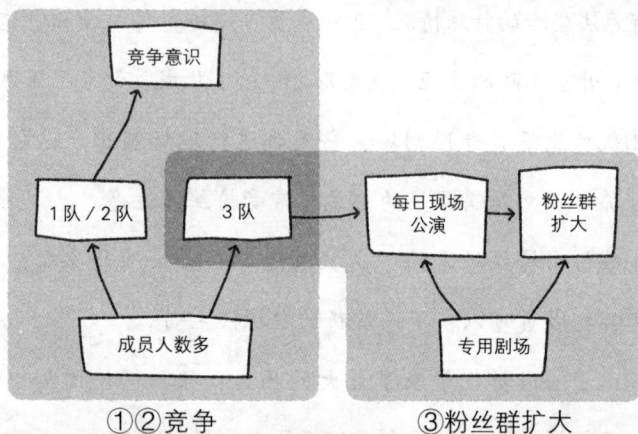

图 3-1 使成员互相竞争并通过每日公演增加粉丝数

中促进了成员间的竞争意识。

同时，如图中③所示。每日进行现场公演，"任何时候都能见到偶像"的理念可谓深得粉丝的心。因为每天都在专用剧场进行现场公演，所以粉丝群体日渐扩大。

AKB48 能有今天的成就确实得益于配备了专用的剧场，不过并不是代表有了专用的场地就万事大吉了。如果团体中只有一支队伍，也达不到日行一演的频率。正因为有了 3 支相对独立的队伍，才能游刃有余地每天在剧场开演唱会。以上内容如图 3-1 右侧所示，这一部分可以总结为"粉丝群扩大"。

接下来分析一下④中的选拔总选举是怎么一回事。根据文本提示，首先要让粉丝投票，然后根据票数选出新歌主唱的成员，所以粉丝不仅仅是观看演出，还能参与到选拔的竞争当中。选拔总选举给成员带来的影响是，即便成功当选了某次的主唱，也并不意味着下一次依然能够从选举中胜出。这一举措无形中提高了整体的竞争意识。以上内容如图3-1左侧所示。

最后请看⑤和⑥。这种组织架构极大地激发了大家的竞争意识，促使全体成员努力练习，以逐步提升自我，尽早摆脱不利的现状。

长此以往，一直观看演出的粉丝们守护着偶像的成长，粉丝们在这样的过程中体会到了乐趣，并且产生了共存感。随着粉丝群体的固定，公司业绩也稳步提高。这些分析如图3-2的上半部分所示。

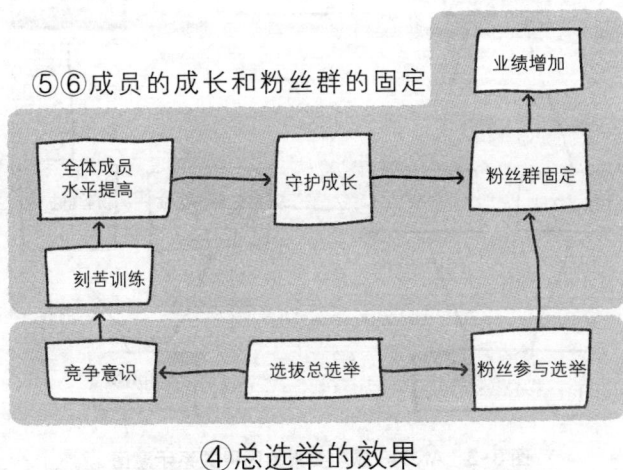

图3-2　从总选举、粉丝群固定到实现成长的过程

如果尝试着将以上所有内容用一张图总结出来，可以参考图 3-3。

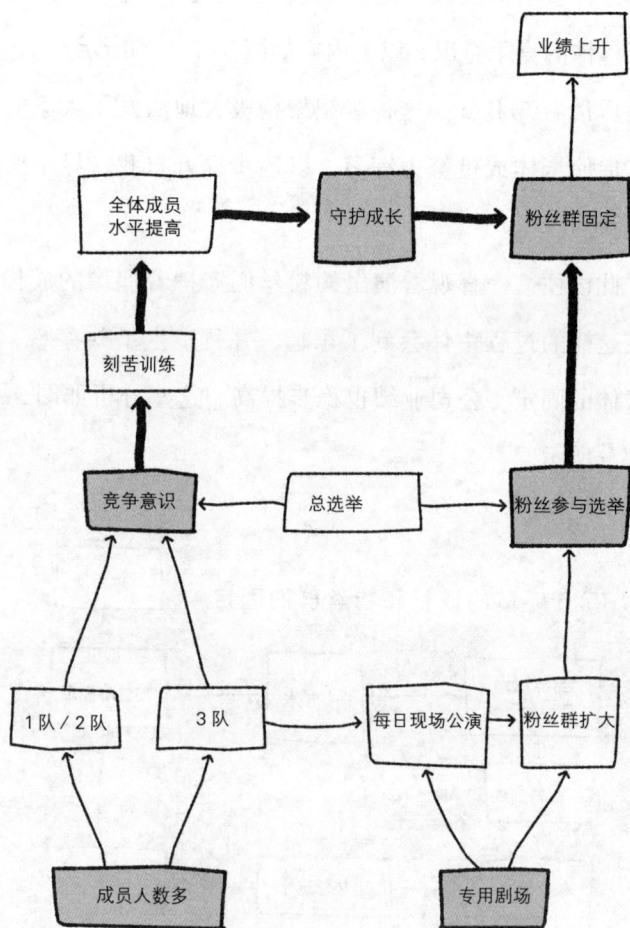

图 3-3　AKB48 成功要素的因果关系示意图

比起逐条阅读①~⑥的文字，是不是看一张示意图要更轻松易懂呢？这就是因果关系示意图的效果。

3.3 德川家康为何在江户设立幕府

历史这门学科深得一部分人的喜爱，但又有许多人讨厌它"强记年号和事件"的特点（实际上我曾经也是其中一员）。然而，捋清历史事件背后的因果关系，让历史事件完整地呈现于眼前，我觉得这完全称得上是一场最激动人心的知识大冒险。

绘制因果关系示意图对于厘清历史脉络而言，是非常行之有效的一种方法。我也是在绘制几十个历史事件的因果关系示意图的过程中，逐渐体会到了历史的魅力，现在已经是当之无愧的历史迷了。关于历史的问题，这里仅举一例。

问题

德川家康为何在江户设立幕府？请阅读以下文章并绘制因果关系示意图，试着通过示意图推敲出这个问题的答案。

丰臣秀吉一统天下后，逐渐感到了来自德川家康的威胁，于是，将德川家康贬至江户。但是塞翁失马，德川家康也因此发觉了江户这片土地中潜藏的价值，在大胜关原战役之后，德川家康依旧没有迁出江户，反而在此建立了幕府。

当时日本的政治中心是京都，经济中心是大阪，如果按照常识推断，把幕府设置在从大阪到名古屋之间的任何一座城市，最东也不要超过静冈附近，对于德川家康来说才是最稳妥的做法吧，可是他为什么偏偏选择了江户呢？

当时的江户城（现在的东京皇居）附近紧靠海岸线，在这里利根川直接汇入江户湾，几乎连年决堤泛滥。当时的关东平原整体排水性恶劣，是一片耕地稀少的湿地。

因为战国时代的战争比以往更加激烈化、规模化，所以当时应用于筑城以及水攻作战的大规模土木技术得到了大幅提升。由于饱受洪水的灾害，织田信长大兴治水工程改善长良川河口的现状，也因此举收获了肥美良田。德川家康听闻此事才意识到，如果可以治理连年泛滥的利根川，大兴土木改善关东平原的排水问题，那么幕府也同样可以坐拥千亩良田。

简言之，德川家康看到了隐藏于湿地之下的"关东平原"。经过治理获得的土地将会成为幕府的直辖地，而且从这片良田上缴的年贡也是幕府有力的财政来源。

当时德川幕府并没有向各藩开征年贡，主要财政收入还是依靠直辖地。因此，对于幕府来说，拥有辽阔的直辖地是维持长期稳定政权的重要因素。

于是在 1590 年，德川家康以日比谷入海口填海工程为起点，着手实施一系列工程，开始改造关东平原湿地。德川家康宣称，如果想要保留关原战役的胜利果实，继而一统天下，就必须要"强化江户的防卫"。他以这样的大义名分为由，推行了"手伝普请"① 制度，让诸大名参与到改善工程当中。

在 1621 年，三代将军——德川家光的时代，将利根川直接引入太平洋的工程终于告一段落。

1600 年之后的一个世纪内，日本耕地总面积增加了 3 倍之多，其中德川家康改造关东平原的浩大工程可谓功不可没。战国时代，日本的耕地面积几乎没有增加，农作物产量也没有提高，因此招致了粮食短缺，最终引爆了诸大名之间的战争。德川幕府通过大幅扩大国内农耕面积，夯实了长达 250 年稳定政权的根基。其中最关键的举措要属关东平原的治水工程了。

从文本中直接绘制出因果关系示意图对于初学者来说确实很难。如果不事先详细地介绍绘制顺序的话，初学者们可能需

----

① 手伝普请：历史名词。主要是指日本江户时代或丰臣政权时代，中央政权（幕府或丰臣家）要求各大名为寺院、筑城、河道整备等大规模土木工程提供人力、物力、财力支援的行为。是日本封建时代中央集权形式的标志。直译为：帮忙施工。

要伏案深思两个小时以上。

主要有以下两个难点：

①找到"有重要概念的段落"。
②发现重要段落之间的联系（因果关系）。

阅读文章的时候，读者大都奋笔疾书似乎可以找到许多含有重要概念的段落，但是往往无法判断出最重要的是哪段落，这就是难点①。不过转念一想，所谓"重要的概念"无非是可以回答出先前的问题"德川家康为何在江户设立幕府"的概念。那以此为出发点，逆向追溯因果关系就可以了。没有"因果联系"的概念可以视为非重要概念，不需要写入因果关系示意图里。

文章中并没有直接给出答案，但是以下内容透露了德川家康在江户设立幕府的动机。

德川家康听闻此事终于意识到，**如果可以治理连年泛滥的利根川，大兴土木改善关东平原的排水问题，那么幕府也同样可以坐拥千亩良田。**

简言之，德川家康看到了隐藏于湿地之下的"关东平原"。

经过治理获得的土地将会成为**幕府的直辖地**，而且从这片良田上缴的年贡也是**幕府有力的财政来源**。

当时德川幕府并没有向各藩开征年贡，主要财政收入还是依靠直辖地。因此，对于幕府来说，拥有辽阔的直辖地是维持**长期稳定政权**的重要因素。

从以上内容中提取的因果关系如下：

● 土木工程→幕府坐拥千亩良田→幕府的直辖地→幕府有力的财政来源→长期稳定政权

以上内容的因果关系，可参照图 3-4。

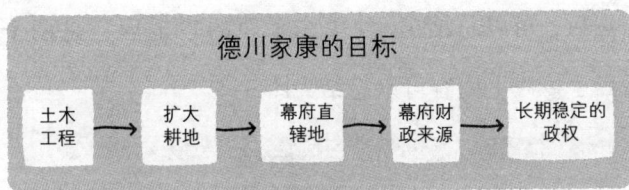

图 3-4　家康的狙击目标落在何处

接下来的问题是"为什么在关东平原大兴土木就能获得大面积耕地"。这个问题将会在以下内容中进行说明。

当时的江户城（现在的东京皇居）附近紧靠海岸线，在这里利根川直接汇入江户湾，几乎连年决堤泛滥。当时关东平原整体排水性恶劣，是一片耕地稀少的湿地。

由此提取出"湿地→耕地稀少"的因果关系。

以及"（关东平原的河流）几乎连年决堤泛滥"，由此可以推导出因果关系"连年决堤泛滥→开垦耕地十分困难"。

值得注意的是，文章中只写到了"几乎连年决堤泛滥"却并没有涉及其他内容。所以，这里可以借用常识，补充文章中遗漏的因果关系——因此开垦耕地困难。

接下来要考虑为什么关东平原湿地多，以及为什么河流连年泛滥的原因了。首先要弄清楚这两者是不是同一个原因所导致的。然后，可以总结出"（关东平原的）地形"是两个问题的幕后黑手。以上内容可以总结为图3-5。

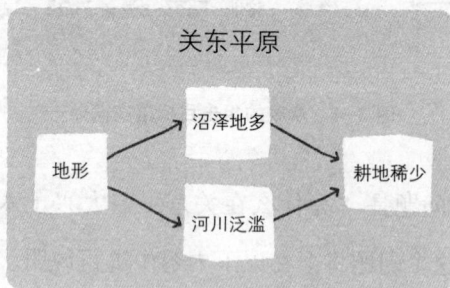

关东平原

地形 → 沼泽地多 → 耕地稀少
地形 → 河川泛滥 → 耕地稀少

图3-5 关东平原的地理特征

目前为止，我们弄懂了只要德川幕府改造关东平原，扩大直辖地，就可以构筑长期稳定政权的根基了。那么，当时为什么能进行如此规模浩大的土木工程呢？

答案就在以下内容中。

因为战国时代的战争比以往更加激烈、规模更加庞大，所以应用于筑城以及水攻作战的大规模土木技术得到了大幅提升。

就是说在战国时代，大规模土木工程技术在战争中日益精进，所以德川幕府才有了可利用的技术条件，实施如此规模庞大的土木工程建设。那么，战国时代又是什么的产物？答案在以下内容中。

战国时代，日本的耕地面积几乎没有增加，农作物产量也没有提高，因此招致了粮食短缺，最终引爆了诸大名之间的战争。

如果以示意图表现以上内容中的因果关系，可以参考图3-6。因为日本耕地面积长期低位徘徊，造成粮食短缺，这是进入战争时代的起因。也因为战争的缘故，大规模土木技术大幅进步，才使得关东平原焕然一新。

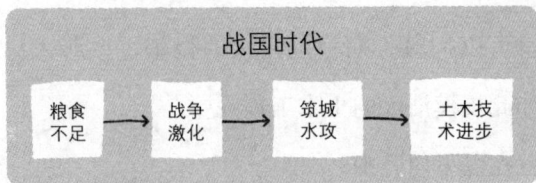

图 3-6　为什么可以成功进行大规模土木工程？

那么，接下来我们可以将三幅示意图合并为一幅。合并的线索使用同一个关键词。连接"战国时代"和"德川家康的目标"的关键词是【土木工程】。连接"关东平原"和"德川家康的目标"的关键词是【耕地稀少】以及【扩大耕地】中的【耕地】。整体的因果关系如图 3-7 所示。

对于初学者来说，不经过这些阶段直接进行因果关系示意图的绘制，会遇到一定的困难。

刚才也提到一点，如果不把包含重要概念的段落挑选出来，示意图会徒增许多烦琐之处。再有，各个段落零星地分散在文章中，挖掘各个段落间的"因果关系"，更是一个难点。比如在图 3-7 中最开始有一环"粮食不足"，它其实出现在文章末尾"战国时代，日本的耕地面积几乎没有增加，农作物产量也没有提高，因此招致了粮食短缺，最终引爆了诸大名之间的战争"这一部分中，需要用一招"移花接木"把这个信息挪到示意图的前面。还有，后面出现在文章中间的"筑城/水攻"，"因为战

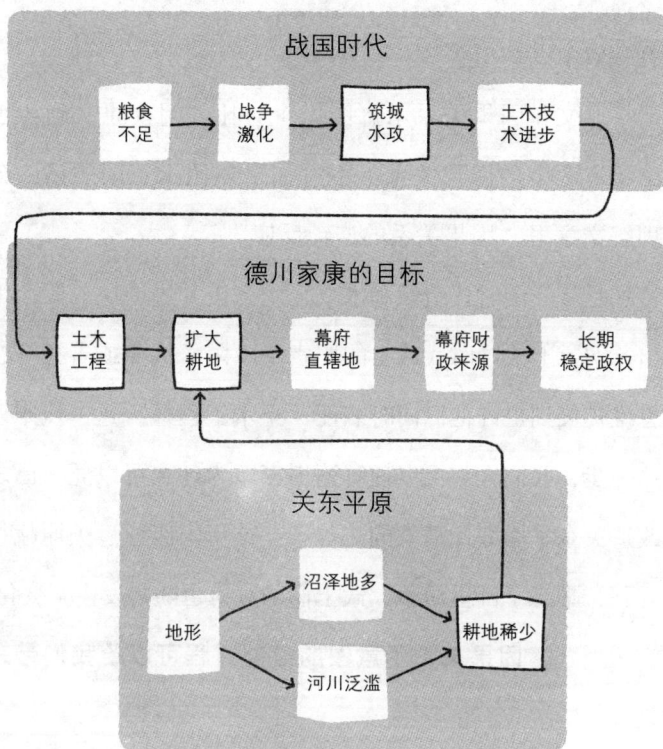

图 3-7　德川家康在江户设立幕府的理由的因果关系示意图

国时代的战争比以往更加激烈化、规模化，所以应用于筑城以及水攻作战的大规模土木技术得以大幅提升"的"筑城/水攻"的部分，也需要把它挪动位置。

　　可以看出，提取出分散在文章各处的因果关系结构，是相当复杂的工程。因此，可以先回答文章开头提出的疑问，从答案——"稳定政权"入手，进行因果关系的逆向推导，这样做反而更有效率。

请将原文和因果关系示意图做个对比。阅读原文确实也可以读出示意图中的因果关系，不过如果参照示意图的话，会更容易理解文章里"因果关系的连锁反应"。

特别是从战国时代筑城和水攻技术齐头并进的这一段落中可以看出，实际上战国时代武士的职责绝不限于战斗或者指挥，可以将思维扩展到也许他们同时兼任"土木工程师"这一步来。推理到这一步，我们大致可以理解德川家康为什么可以凭一己之力完成改造关东平原如此浩大的工程了。德川家康通过关原战役平定了全国，平息了乱世纷争，武士们的身份也随之发生了变化。

综上所述，**因果关系示意图的绘制过程可以给我们带来新的发现**。

这个问题取材自竹村公太郎的著作《日本历史的谜底：藏在地形里的秘密》(PHP 文库)。竹村公太郎原本就是防洪堤坝方面的专家，对历史和地形之间的因果关系有着浓厚兴趣，他已出版多部历史相关的书籍。

我在挑选具体历史案例作为题目的时候格外注意，尽量避免用到教科书上俯拾即是的例子，采用了具备非常规性因果关系的（跨度有数百年之久的因果关系，与发生在地球另一侧的事件有关的因果关系，历史事件与地形、经济、军事技术、工业技术等历史领域之外的因果关系等）事件，希望回答者能兴趣盎然地进行思考并解答。

3.4　变量型因果关系示意图中的"权衡"

如前文例题所示，我介绍了因果关系示意图的第一种形式，即"现象以及事件之间的原因→结果"。除此之外，还有一种形式是"变量间的因果关系"。为了便于区别这两种形态的示意图，我推荐将表现"原因→结果"的现象用方框来表示，变量用圆圈来表示。

所谓的变量是指"变化的数量"。与产品相关的因果关系通常会采用变量型示意图。如果是分析商业模式的话，这两种形式的示意图都可以使用，不过有的时候也可以根据实际情况进行组合，采用混合型示意图。

与产品相关的因果关系示意图的出发点是"顾客价值变量"，就是用变量表示顾客购买商品的动机（顾客价值）。比如说吸尘器，"空气吸入量"就是一个顾客价值变量，这个变量越大，清洁起来就越快。

所以，在着手绘制产品的因果关系示意图的时候，首先应该列举出主要的顾客价值变量，然后列出会给它们带来影响的变量（称之为设计变量）。

　　同样以电动吸尘器为例，设计变量之一可以是"马达的输出功率"，此变量越大"空气吸入量"也越多。

　　这样一来，主要顾客价值变量和设计变量都已整装待发，我们只需要用线将互相影响作用的变量连接起来，然后在线的中间加入<+>或<->号即可。

　　如果在连接线的中间加入<+>号，就意味着两个变量是同向变化的关系，即"一个变量增加，另一个随之增加"。如果线的中间是<->号，那么这两个变量就是此消彼长的反向关系，即"一个变量增加，另一个随之减少"。（如图 3-8）

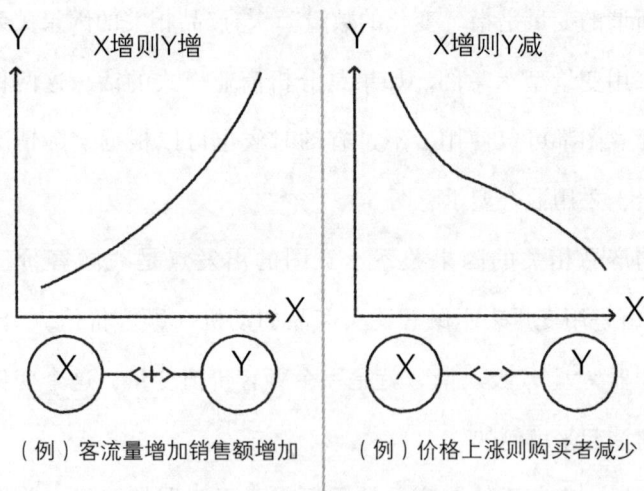

图 3-8　"变量"相连的法则

3.5 改动电动吸尘器，会带来什么影响？

下面我以电动吸尘器为例，介绍一下变量因果关系示意图的绘制方式。绘制时大概需要注意以下三个要点。

①顾客价值变量

- 重量（越轻越方便） • 大小（越小越轻便）
- 空气吸入量（越大越容易打扫）
- 工作时粉尘排出量（越小室内空气越清新）
- 滤网更换间隔（越久越省时，使用成本越小）
- 集尘袋更换间隔（越久越省时，使用成本越小）

②设计变量

- 马达输出功率 • 吸尘叶轮的效率
- 滤网网眼大小 • 集尘袋孔隙大小
- 集尘袋大小

③电动吸尘器的工作原理

马达带动叶轮，空气从进风口被吸入，再经过滤网和集尘袋被向外排出。大颗粒垃圾被集尘袋卡板截留下来，滤网再截留一部分细小垃圾，剩下的粉尘随空气返回室内。

如果滤网网眼堵塞，空气难以通过，就需要更换。集尘袋装满了需要更换。如果进口堵塞的话，即使没有装满垃圾也得更换。

马达的输出功率越高，空气吸入量越大。集尘袋卡板孔隙越小，或者滤网网眼越小，在同等马达输出功率的情况下，虽然空气吸入量会减少，但可以截留更细小的粉尘垃圾。

那么以这些信息为基础，不妨试着绘制一下吸尘器的因果关系示意图。

首先，从工作原理的说明③入手，影响"空气吸入量"这一顾客价值变量的变量有"马达输出功率"、"集尘袋孔隙大小"以及"滤网网眼大小"。这些变量关系如图3-9左上所示。接下来一边看示意图一边进行理解。

马达输出功率越大，或者集尘袋以及滤网孔隙越大（越粗），空气吸入量就越大，所以它们之间通用<+>号相连接。

然后，我们试着找出影响"排气中的粉尘"这一顾客价值变量的设计变量。其实，阅读过工作原理的说明就明白了，有"集尘袋孔隙大小"以及"滤网网眼大小"这两项。如果集尘袋和滤网孔隙较大，就会排出更多的空气，随空气排出的粉尘就会增多。

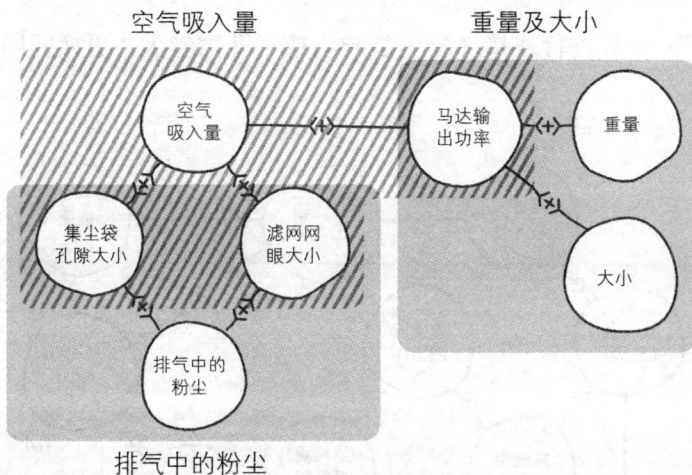

图3-9 与顾客价值变量相关的三个设计变量

再有，影响"重量和大小"这一顾客价值变量的是"马达的输出功率"。根据常识判断，马达输出功率越高，其重量和大小也会随之增加。

除以上罗列的变量之外，我们可以再加入剩余的两个顾客价值变量，然后就构成了图3-10所示的因果关系。

"滤网更换间隔"会受到"滤网网眼大小"的影响，网眼越大，更换间隔就越久，所以用<+>号连接。

最后是"集尘袋更换间隔"。更换新集尘袋时可以考虑有两种情况。第一种是集尘袋装满的情况下，或者在装满之前如孔隙堵塞导致空气吸入量减小的情况也需要更换新袋。所以"集尘袋更换间隔"与"集尘袋大小"和"集尘袋孔隙大小"都可以用<+>号进行连接（集尘袋越大或者孔隙越大，更换间隔也越长）。

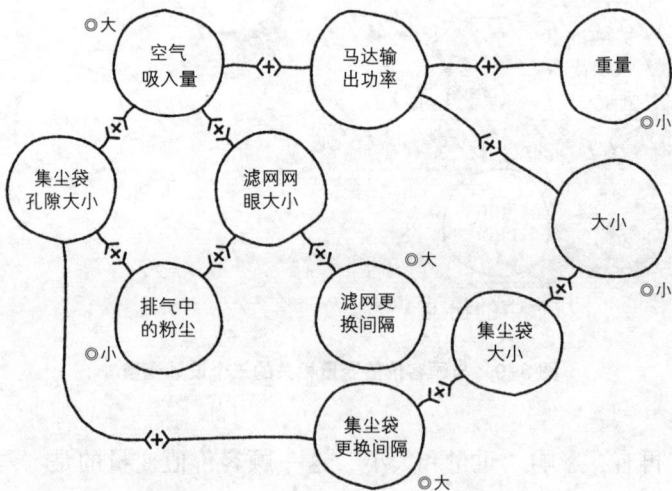

图3-10　吸尘器的因果关系示意图

到此为止，电动吸尘器的因果关系示意图就大功告成了。不过，为了便于理解可以在"顾客价值变量"上加◎的标记，同时，变量越大情况越好用"大"表示，变量越小情况越好则用"小"表示。

产品因果关系示意图的目的之一是发现"权衡利弊"的点。**所谓权衡利弊，是指面对"一个事项转好，另一事项随之转差"的难以两全其美的状况**，这和"进退两难"或者"鱼与熊掌不

"可兼得"的意思差不多。

权衡利弊之时最重要的其实就在顾客价值变量之中。如果某个顾客价值变量转好，另一个顾客价值变量就要变差，那么我们必须抉择让哪一方做出让步。但是，如果去做顾客调查"对您来讲 A 或 B 哪个更重要"的话，回答会根据客户层或者产品使用状况不同而随之分化。因此，必须依据对象客户层、用途以及商品的基本理念来进行利弊权衡。

如果使用因果关系示意图，权衡点就会显而易见、便于抉择了。以<+>号相连的两个顾客价值变量是此盈彼涨、正向关联的。所以，两个变量都以"大"或"小"来表示的话，并不需要进行权衡，不过如果在特殊情况下就不同了。

请看图 3-11。比如说，空气吸入量和重量这两个顾客价值变量之间串联了另一个变量，也就是说它们是间接以<+>号相连的，所以相当于以<+>号相连。简而言之，空气吸入量越大机器重量就越大。

不过，空气吸入量虽然越大越好，但是与之相悖的条件是重量越小越好。因而，在这样的情形下需要对二者进行权衡。

同理，"空气吸入量和排气中的粉尘"、"排气中的粉尘和滤网更换间隔"、"排气中的粉尘和集尘袋更换间隔"以及"集尘袋更换间隔和大小"之间，也同样存在权衡关系。

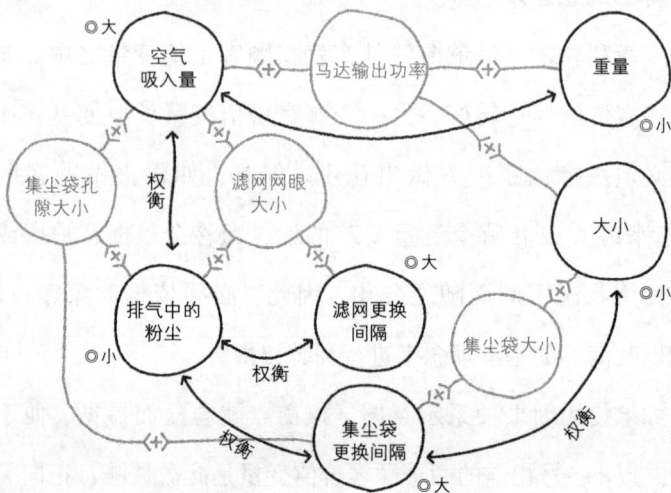

◎大 空气吸入量 《+》马达输出功率 《+》 重量 ◎小

集尘袋孔隙大小   权衡   滤网网眼大小   大小   ◎小

排气中的粉尘   滤网更换间隔 ◎大   集尘袋大小 ◎小

◎小   权衡

权衡   集尘袋更换间隔 《+》   权衡

◎大

图 3-11　因果关系示意图中一目了然的 "权衡"

　　安装有滚轮的，便于在地板拖动的吸尘器可以设计得更大、更重，因而空气吸入量也更大，集尘袋更换间隔也比较长。不过，在上下楼梯的时候就不是很方便了。与之相对的手持型吸尘器，重量及大小以轻便为主，空气吸入量较小，集尘袋更换间隔也短。

　　　　通过绘制产品因果关系示意图，

　　　　　将权衡关系了然于胸。

3.6　绘制 iPhone 成功要因的示意图

这一节我们将要学习如何绘制"商业模式的因果关系示意图"。

商业模式的因果关系示意图，简单来说就是"将盈利结构可视化"，即用图的形式展现一家企业是如何实现盈利的。

在本节中，通过绘制商业模式的因果关系示意图来解析苹果公司的 iPhone 畅销全球的主要原因。具体而言就是先回答一系列的问题，然后按照问题答案逐步完善因果关系示意图，最后再进行汇总。

问题①

作为移动智能终端的 iPhone，其一大亮点就在于"富有魅力的设计"，在 iPhone 之前苹果公司开发的"某个产品"贡献了极大的设计魅力值。你知道这个产品是什么吗？

答

数码音乐播放器 iPod。

解说

苹果公司通过开发 iPod，提升了小型便携设备以及小型器具金属外壳的设计能力（如图 3-12 右上）。在 iPod 的开发过程中运用了各种各样的金属加工技术，这一点恰好成就了 iPhone 的设计感。

问题②

iPhone 的"手机操作便利""手机功能（音乐及软件）管理便利"也是移动终端的一大魅力。这些操作上的便利，得益于公司内另一个产品的开发团队，这个产品团队又是什么呢？

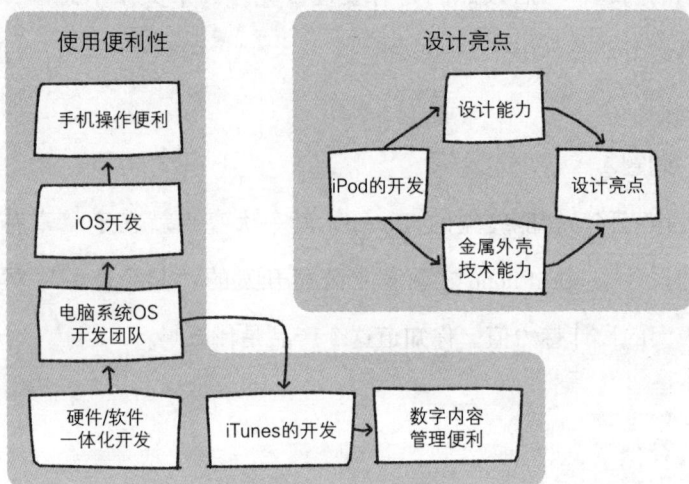

图 3-12　设计亮点以及手机使用便利性的主要原因

答

苹果电脑操作系统 OS 的开发团队。

解说

与其他电脑制造商不同，苹果电脑的产品定位就是硬件与基本软件（OS）一体化，同时也采取了相应的开发战略。因此，苹果公司拥有一支团队，开发了名为 MacOS 的电脑 OS 系统，该系统提升了 MacOS 用户在直觉上的操作便利性，让用户界面简洁明快。iPhone 搭载的是 iOS 系统，这套系统的开发同样由公司内部完成。这些因素都共同作用于提升移动终端的便利性。

同时，iPhone 的数字内容管理软件 iTunes 和 iOS 系统一起将数字内容管理的便利性提升了一个等级。iTunes 也是苹果硬件/软件一体开发战略中的一员猛将。如果将以上内容总结为示意图，可参照图 3-12 中的左半部分。

将图 3-12 中独立的两个示意图进行关联的话，就得到了图 3-13 的左半部分。这里可以把刚才的"设计亮点"、"手机操作的便利性"及"数字内容管理的便利性"总结为"优质的用户体验"。"用户体验"正是史蒂夫·乔布斯最为重视的顾客价值。

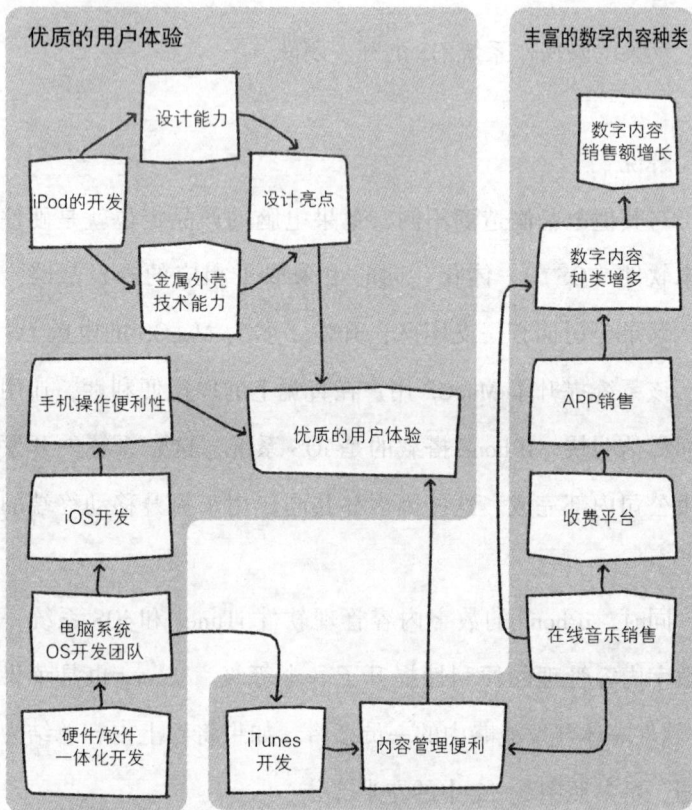

图 3-13　优质的用户体验以及丰富的数字内容种类的主要原因

问题③

iPhone 大获成功的一个重要原因是增加了除手机销售之外的收入来源。那么，苹果公司通过什么方式获得了这样的收入来源呢？

答

音乐以及软件等数字内容的销售收入。

解释

手机行业中，通信商除了销售手机之外，还一直独占着数字内容销售这块肥肉。比如都科摩（NTT docomo）公司的"i-mode"，该手机具备上网功能，而数字内容的使用费是与通信费一起从"i-mode"手机用户的口袋里掏走的，通信公司用这种方式获得了丰厚的数字内容收入。

不过，i-mode 的数字内容开发者不会直接向用户收取费用。同时，不论数字内容的盈利多么丰厚，也一分钱都入不了手机制造商的腰包。苹果公司则不然，不需要借由电信公司这个渠道，可以直接面向用户出售自己的数字内容产品，成功地将其转变为公司的一大收入来源。

成功的原因在于以下几点：首先，苹果公司的智能手机确实非常有魅力，所以面对 iPhone 经销权垂涎三尺的众多通信公司，苹果也有充分的话语权；其次，从 iPod 时代到"iTunes 音乐商店"，苹果公司逐步扩展了在线音乐销售事业，也拥有了独立的收费平台。当 iPod 用户换购 iPhone 时，可以直接利用原来的支付账号登录 iTunes 音乐商店，费不了多少工夫。苹果公司最终借由 iPod 在音乐销售领域大展拳脚，这一点也要归功于史蒂夫·乔布斯在音乐界的广阔人脉，以及他的交涉能力。

苹果公司在 iPhone 发售后不久，就向第三方开放了 iOS 系统的应用软件开发，并开发出"App Store"在线应用软件商店，迈出了应用软件销售的第一步。此举应声而红，iPhone 的内容种类日渐全面，为数字内容销售额的提升立下了汗马功劳。以上内容如图 3-13 的右侧所示。

问题④

自 2007 年起，苹果正式进军移动电话市场，仅在数年后就以压倒性的优势巩固了移动电话终端销售额及销售利润的世界霸主地位。苹果公司的策略究竟是什么呢？

答

发挥数字内容与手机终端魅力的协同效果，构成良性循环。

解说

相比其他智能机，iPhone 凭借其精良的设计和操作的便利性为用户们提供了更为优质的体验，发售伊始就积攒了很高的人气，市场份额也节节攀升。苹果开发了多种软件，软件内容的种类也琳琅满目。这些更提升了作为一种终端移动设备的 iPhone 的魅力等级。

综上所述，iPhone 最终形成了"手机终端魅力值提升→手机终端份额扩大→数字内容种类增多→手机终端魅力值增大"的良性循环（正反馈）。因果关系总结为图 3-14。

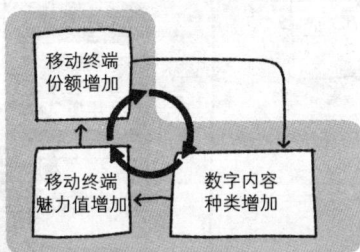

图 3-14　移动终端和数字内容的良性循环

这样的循环只要没有什么制约条件，就可以持续无限增幅。由于 iPhone 的销售价格比其他智能机略高，所以在价格方面构成了一个制约条件。不过，也正得益于此，iPhone 成为了盈利能力极其突出的产品。据媒体称，苹果公司约 6 兆日元的利润多半来自 iPhone 的销售。

接下来，我们先连接起所有的小示意图，再追加一些要素，最后可以得出 iPhone 成功要因的因果关系示意图，如图 3-15 所示。到这一步为止，整体的示意图中不仅囊括了之前的局部示意图，还加上了"手机终端销售量增加""零件成本降低"这个与规模效益相关的因果关系。

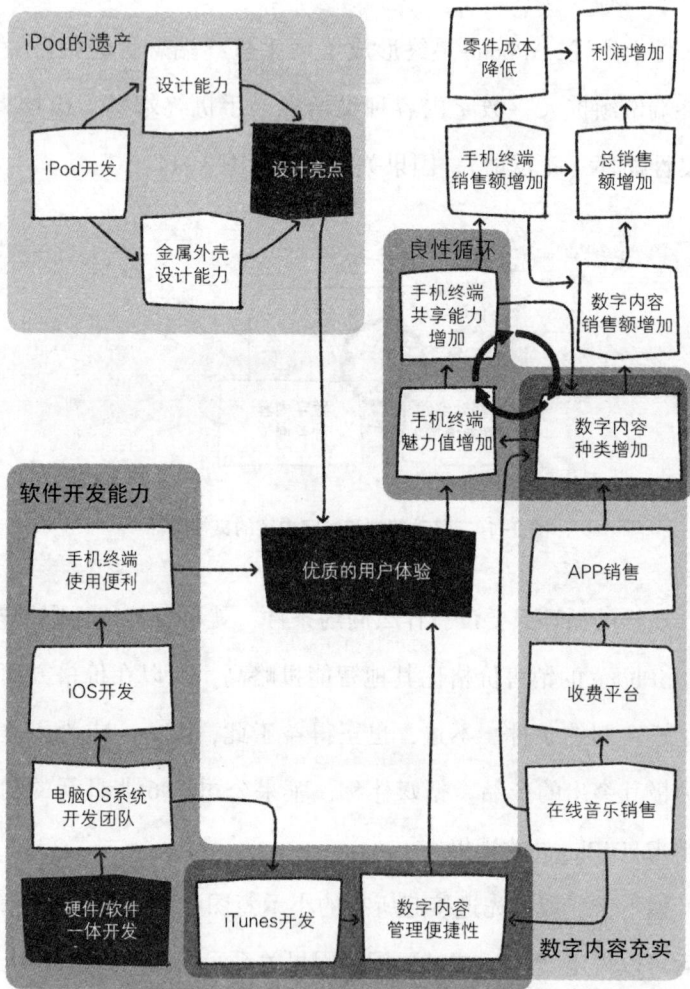

图3-15　iPhone 成果要因的因果关系示意图

3.7　提高示意图的抽象度

接下来，将整体示意图由原来的"原因→结果"变为变量型示意图的同时，还可以试着减少示意图中的要素数量。这个步骤意味着"提高示意图的抽象度"。

提高示意图的抽象度有利有弊。如果可以在只保留本质性要素的同时实现抽象化的话，就可以表现出 iPhone 成功的本质因素，同时也有可能会遗漏掉重要的具体要素或者具体对策。所以在绘制高抽象度示意图的时候，既要注意提取本质内容，又要牢记不能遗漏重要信息。

那么，可以尝试从整体示意图的各个部分入手，将要素改为变量，同时尽量减少要素数量。

首先来看图 3-15 左侧的"iPod 的遗产"和"软件开发能力"这一部分，通过变量化减少要素，就得到了图 3-16。iPhone 依托 iPod 提升了设计能力，产品的设计感和使用便利性也有所提升，与此同时，得益于电脑 OS 系统开发团队，iPhone 软件的开发能力与使用便利性也随之提升。

接下来再尝试绘制"数字内容种类多样"这一部分的抽象化示意图。

请看图 3-17。首先我们已经知道"手机终端竞争力"同样会受到在图 3-16 中出现过的"用户体验质量"的影响，再加上"数字内容种类增多"这一因素，构成了提高手机终端竞争力的因果关系。

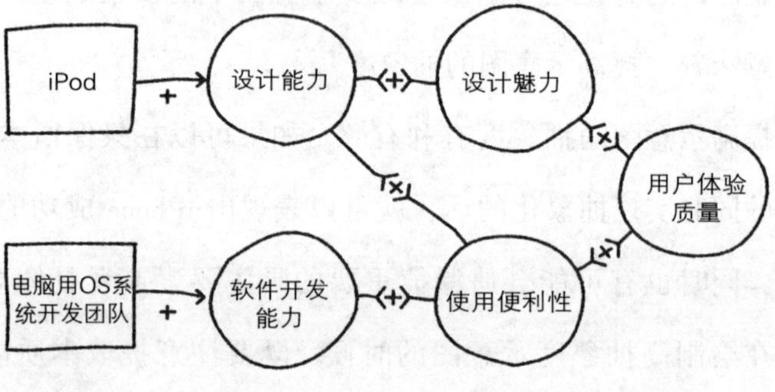

图 3-16　进一步将"iPod 的遗产""软件开发能力"抽象化

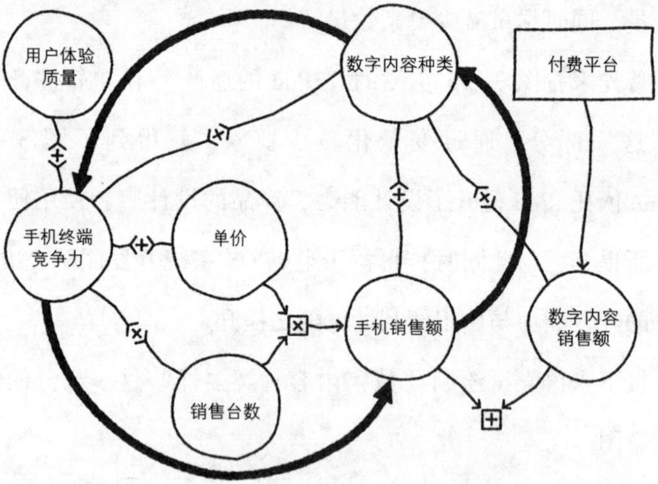

图 3-17　进一步抽象化"数字内容种类多样"

如果手机终端竞争力得到提升，手机销售单价和销售台数也会随之增加，那么单价乘以台数得到的手机销售额也会大幅增加。手机销售额增加意味着在手机终端市场的份额增加，面向手机开发的数字内容种类也愈加丰富。这里就形成了"手机终端竞争力→手机销售额→数字内容种类→手机终端竞争力"的良性循环。

同时，如果自己持有付费平台的话，随着数字内容种类的增加，数字内容销售额也自然会增加。因此，不难理解苹果公司为何早在 iPod 时代就构筑起了 iTunes 在线音乐商店的付费平台，可以说该平台为 iPhone 创造了丰厚的利润。

如果苹果公司没有自己的付费平台，就不得不利用通信公司自设的收费平台了，如此一来数字内容的销售额无论如何都进不了自己的腰包。

将以上内容进行抽象化的整合，添加额外的要素，就可得到如图 3-18 所示的 iPhone 成功要素的变量型因果关系了。

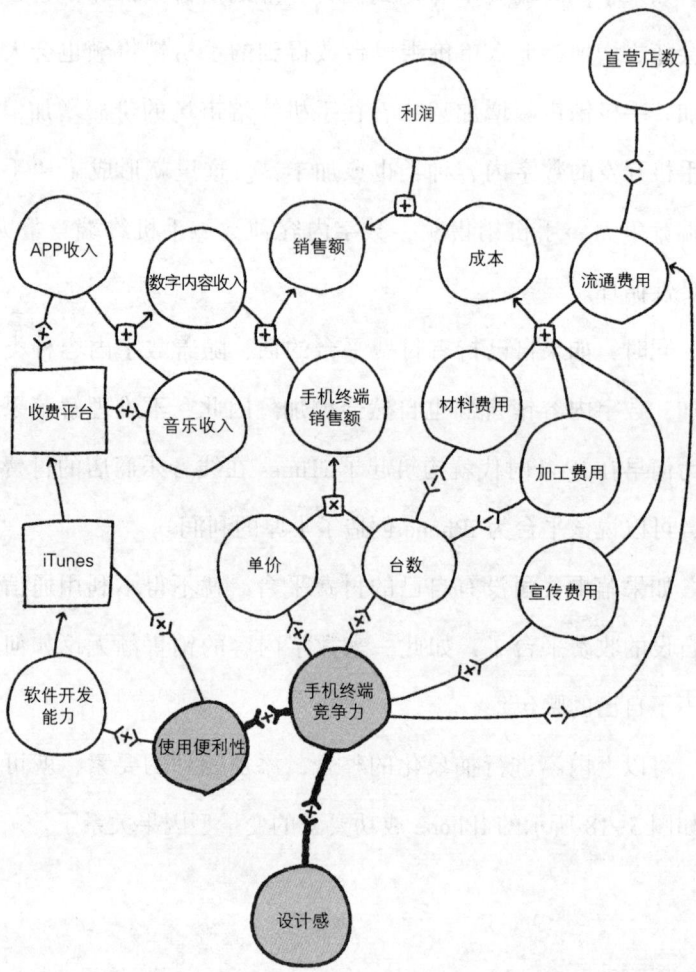

图 3-18 iPhone 成功要素变量型因果关系示意图

3.8 有助于抽象化思考的"标签训练"

为了减少因果关系示意图中不必要的要素而进行的抽象化思考并非是一件易事。这是因为在纵览全部要素的时候，我们很难用一句话概括出其中的共性，也就是很难为这些要素贴上标签。

所以，"标签问题"的练习对于提高这项能力十分有效。

所谓的标签问题就是，先阅读几篇（比如 3 篇）与主题相关的文章，然后用一句话概括出文章的主要内容（贴标签）。我们可以先试着阅读以下文章。

关于电子芯片

①无线电子芯片，作为新一代条形码受到了极大的关注。

②向小型芯片内输入商品价格及其他信息，再通过无线通信发送信号。

③也有可以放入纸币以及商品礼券中的超小极薄的芯片。

针对以上信息，可以进行练习总结出如下的标签：

①用途。

②机制。

③超小极薄型。

那么，不妨按照以上的范例先尝试进行几个标签练习。请给以下文章的①~⑥段落各自贴上合适的标签。

标签训练①　日本经济发展停滞不前的原因是什么？

日本战败后，从一穷二白的窘境开始，一跃成为世界经济大国。但是，由于无法摆脱泡沫经济崩溃的后遗症，而陷入了长达20年之久的通货紧缩。战后日本的经济可以大致分为三个时期。

·战后日本经济的三个时期

首先是自战败后到1955年的占领复兴期。日本抓住了朝鲜战争特需经济的这个契机，进入了令世界惊叹的高速成长期。

其次是从昭和后期的高度成长期到泡沫经济之间的时期。日本在此期间渡过了数次景气不振、石油危机以及汇率冲击等一系列经济危机。这时的日本经济已经发展到可以与美国一争高下，甚至是产生贸易摩擦的程度了。

最后是平成时代以来长达10年的停滞期。经济泡沫崩溃后，地价和股票双双暴跌，经济尚未恢复，经济长期停滞不前。国内生产总值的高峰为1997年，在2009年被中国赶超，2014年的国内生产总值只有中国的一半。

泡沫经济崩溃后，日本经济陷入持续低迷的原因主要有以下三点。

①没有对既得利益进行改革，没有清除既得利益的顽固根基。

直接导致了多达 1000 兆日元的国家负债。由自民党长期政权扶植起来的政、官、商三角体系仍然健在。

②从平成时期到安倍晋三，出任的首相达 16 人之多。这一点为众参两院的扭曲现象雪上加霜，是导致"悬而不决政局"的罪魁祸首。由于短命的政权交替更迭，日本无法仰仗强有力的政治领导，外交能力日渐弱化。

③日本企业还没有从高度成长时期获得的成就感中清醒过来，甘于现状，只维持着以国内和欧美的市场份额为主的状况，没有对成长中的新兴国家采取相应策略。

对以上内容可以贴上如下标签。如果去掉（）内的部分，就得到了更为抽象化的标签。

① （从一片荒原中重新振作）复兴期。

② （数次渡过危机的昭和后期）成长期。

③ （泡沫经济崩溃后）停滞期。

④（未对既得利益进行改革）体制改革不充分。

⑤（由于短命政权交替以及众参两院扭曲国会）悬而不决的政局。

⑥（沉迷于过去的成功）对新兴国的政策滞后。

请大家再尝试分析两个问题。可以分别对每个问题中的三个小段落进行贴标签的练习。

标签训练②　罗马帝国基督教的扩教

①罗马帝国之所以壮大，是因为占领了广袤的地中海地区。所属面积的扩大为罗马帝国的经济注入了强心剂，罗马帝国于公元前 3 世纪至公元 2 世纪进入鼎盛时期。

②但是进入公元 3 世纪后，罗马帝国的所属面积没有扩大，经济失去了发展动力。由于没办法获得新的奴隶，大农场主的利益也受到了极强的冲击。

③虽然在鼎盛时期实行的"面包与马戏"政策让民众安居乐业、丰衣足食，但是由于经济发展迟缓无法持续此政策，反而更加掀动了民众的不安情绪。基督教在罗马传播和发展恰逢历史上著名的"3 世纪危机"。

标签示例

①罗马经济成长要因（在于所属面积扩大）。

②罗马经济停滞要因（在于无法扩大所属面积）。

③财政窘境招致社会不安。

标签训练③　中南美洲白银的流入给欧洲带来的影响

①16世纪在中南美洲发现大量银矿，因此数以累计的白银流入西班牙。这些白银揭开了"物价革命"的序幕，招致了物价暴涨，以此为契机，停滞的经济又重获新生。

②此时，与弗兰德地区（即横跨现在荷兰南部，比利时西部，法国北部的区域）展开竞争的英国羊毛纺织业也生机勃发。白银的流入，使得城市由金融都市向工业化城市转变。

③当时的西欧整体人口增加，城市发展迅速，粮食不足。另外，欧洲进入严寒期，对毛纺织物的需求也随之旺盛，英国的很多农场主纷纷放弃谷物种植开始从事羊毛生产（圈地运动）。地中海沿岸的欧洲南部，人们对白银和财富也同样渴求，纷纷由原来的谷物生产开始转变为种植更适于出口的水果以及橄榄。由于以上原因，哥伦布时代之后，西欧诸国的谷物产量首次出现了减产趋势。

标签示例

①中南美洲白银招致了欧洲物价上涨/物价上涨。

②白银流入促进了欧洲的工业化/工业化。

③欧洲人口增加以及谷物不足。

感觉怎么样？到目前为止，是否对因果关系示意图的基本思考方法和制作方法有所掌握了呢？

如果可以结合以抽象化为目的标签训练，每天坚持训练自己"突破思考极限一点"，我相信用不了几个月，大家的思考能力一定会有质的飞跃。日常生活具体案例的练习在本书的第六章中有所总结，可以结合本章的内容一起阅读。

那么接下来的内容终于要进入大家期待已久的实践篇了。后面的具体案例都是将深速思考法应用于创造性工作中的典范，大家可以参照这些典型案例，尝试着构思出新的商业模式。首先在第四章中，学会利用因果关系示意图进行"盈利企业的分析"，然后在第五章中，可以体验到"思考出全新商业模式"的一系列过程。

思考小提示④ **抽象化思考时的感觉**

我切实地感受到，在通过绘制无数幅的因果关系示意图的这几年间，自己的抽象思维也不知不觉地得到了提高。研发深速思考法的时候，我制作了近百例的因果关系示意图解答范例，这些例题示意图相对而言比较容易，大概几分钟就可以完成一幅。

与之相比，在产品开发的咨询活动中，绘制出关于实际开发产品的因果关系示意图是相当烦琐的，需要一定的深入思考能力。

比如说，发生了非常严重的问题时，与开发团队碰面，我会一边听取产品的运作原理一边完成示意图的绘制。之后，再独自进行深入思考、反复加工，最终才能得出一幅有助于解决实际问题的因果关系示意图。

也正在此时，我终于切身体会到了"拼命调动脑细胞进行深入思考"时的感觉。

其中最辛苦的环节是找出"恰当的变量"。在与产品相关的、无数的变量之中，要筛选出哪些变量最能简洁地展现出产品目前所面临的最本质的问题。并且，要时而提高时而降低抽象度，在头脑中罗列出一个又一个的替补变量。

如果在某个时刻找到了正确的变量，一瞬间大脑便充满了喜悦和快感，仿佛在那一刻全身的细胞都在欢呼雀跃地大喊着"太好了"，本来混混沌沌的大脑，变得条理无比清晰。这就是制作因果关系示意图的妙趣吧。

在进行此类活动时，我有时也会自省，"我是怎样进行思考的"。通过这样的心理过程，抽象化思考的能力会慢慢地得到提升。这一点非常像打高尔夫球时对着镜子检查自己的挥杆动作是否标准。

将自己的视点置于"自身之外"，用更广阔的视角来观察自己，这是对提高自身思考能力而言必不可缺的方法。

第四章

素材大本营
——提取"商业模式"的本质

4.1　以因果关系示意图"解剖"盈利机制

假设你是某连锁餐饮集团的员工。某日，公司交给你一个新任务，"制作一份关于新设连锁餐厅的方案"。

如果大脑只能进行浅显思考，我们的思维就容易被局限在"索性就模仿食其家或者吉野家吧"此类毫无新意的方案中。如果搜索枯肠想得出某些比较新的构思，最多也只能想到"供应拉面以及牛排的餐厅"，这样的构思看上去确实很新颖，但其实毫无建树。

连锁餐饮行业的竞争日趋激烈，如果拿不出一份既可以传递出独树一帜的顾客价值的又可以实现盈利的方案，事业就难以成功。那么接下来，首先要研究那些业绩优异的连锁餐厅以及其他服务行业的连锁店，逐一分析这些企业成为行业翘楚的主要原因。

具体来说就是网罗材料，书籍、杂志报道或者电视节目以及针对各行业的采访都可以利用，通过这些材料分析各行业的连锁企业，详细探究它们的业务处理方式，然后根据这些信息绘制"盈利机制"的因果关系示意图。

就我个人而言，更喜欢看电视台的财经类节目。特别是基本上每一期都会集中采访一家企业的节目，节目组会对现场进行周密的采访，也会对企业匠心独运之处进行详细说明，再加上企业董事长会在节目中出镜，直接为观众讲述公司的战略决策，所以这类节目可以说是我们学习和探究具体案例的绝佳途径。当然了，图书、杂志或者网站报道中出现的材料也可以利用。总之，关键点在于选取的材料是否细致全面，是否对现实具有指导意义。

接下来，先从餐饮业的案例入手进行分析研究。

4.2 餐饮业盈利机制分析① 鸟贵族

问题①

以烤鸡肉串为主打菜品，280 日元的均一化单品价格。这样一家连锁居酒屋企业——鸟贵族已经悄然成为每日无休、顾客络绎不绝的网红餐厅，该企业于 2014 年成功上市。令鸟贵族大获成功的原因在于企业秉承"快速、美味、实惠"这三条铁则，那么能将这三条铁则贯彻到底的主要原因是什么呢？

答

首先，菜单种类非常集中，只提供以烤鸡肉串为中心的菜品。不使用进口冷冻鸡肉，而采用国产鸡肉，利用中午时间在店内厨房串制菜品，以保证食材新鲜。烤串的炉具也是公司自行研发，利用红外线使食物均匀受热，轻松烹制菜品。而且可以同时大量烤制肉串，因此顾客下单后可以迅速端上来热气腾腾的美味。如果将这些特点用示意图表示，就得到了图 4-1。

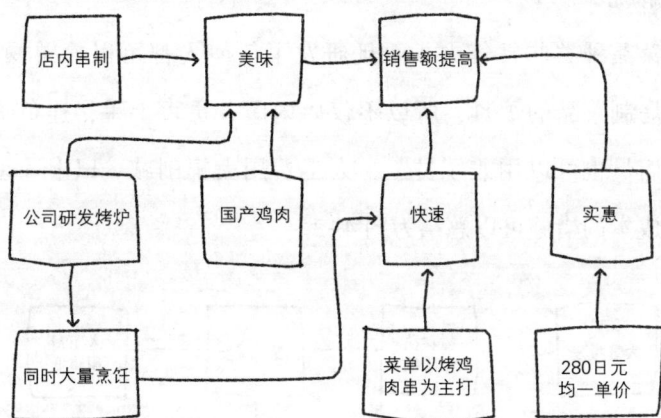

图 4-1 鸟贵族如何贯彻"快速、美味、实惠"的铁则

问题②

鸟贵族使用国产鸡肉在店内进行串制，为什么可以在成本相对较高的条件下保持着 280 日元的均一单价呢？

答

薄利多销，也就是说"提高餐位周转率，充分利用每一寸店面，提高营业收入"，以低价取胜的同时实现盈利。由于菜品经营范围集中于鸡肉料理，所以使用大量的鸡肉，在价格方面批量采购比零购鸡肉要便宜40%。店铺开设在除一层之外的楼层，租金也相对优惠。

解说

菜品种类非常集中，而且研发了任何人都可以简单操作、均匀烤制菜品的炉具，所以不仅店内服务员可上手，连负责烹饪的店员也可以用兼职员工，人工费用大幅削减。以上一系列降低成本的措施可以总结为图4-2。

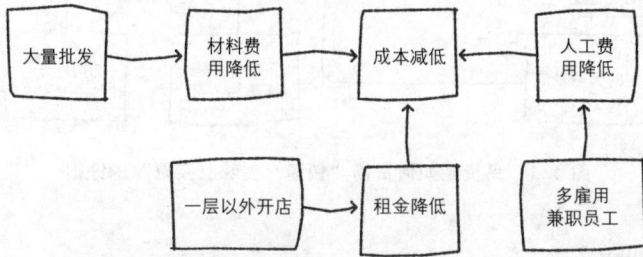

图 4-2 如何削减成本

接下来，请阅读鸟贵族的"成功奥秘"的相关文章，并完成因果关系示意图。

鸟贵族的成功奥秘

原本以上班族男性为主要顾客群的居酒屋，现如今已经成为很多女孩子消遣娱乐的地方，或者是一家人出来小聚的根据地了。到繁华街区逛一逛，不难发现到处林立着连锁居酒屋。如今，连锁居酒屋行业的竞争十分激烈。年轻人不再轻易碰酒杯或者宁可在家"独酌"，对于行业而言现在已然是冰河期了。在这样的尴尬处境中逆流而上，展现出不俗业绩的连锁居酒屋便是鸟贵族了。自1987年创业以来，鸟贵族业绩逐年攀升，现在全国分店多达450家以上，年收入超过了180亿日元。

鸟贵族所开之处总是顾客盈门，有的店铺的等位时间时常要一个小时。其实鸟贵族的火爆不足为奇，店里的菜品包括酒水在内，单价都是280日元，这种均一的价格设置十分诱人。特别是明星单品烤鸡肉串，分量足有超市鸡肉串的几倍。店内菜品约60%是与鸡肉相关的料理，没有生鱼片之类的生食菜品。居酒屋行业普遍的材料成本比率约为30%，但是鸟贵族却高达60%。

所有门店在午饭时段均不营业，在这个时间段内雇用家庭主妇作为兼职人员在店内进行鸡肉的切分和串制，这个步骤要花费几个小时。不采用中央厨房预先处理食材，而在店内串制可以最大限度地保证食材的新鲜。如果使用进口冷冻鸡肉，菜品的口感会大打折扣。因此，鸟贵族的全部原材料都使用国产冷鲜鸡肉。提供鸡肉的厂商每年大约向鸟贵族出货3800吨，价格要比零售客户便宜40%。

菜品主要是烤鸡肉串，烹调方式也以烤制为中心。鸟贵族自行研发了电热式烤串炉，兼职员工也能很快上手，利用远红外线对食物进行全面均匀的烤制，也不需要担心火源的问题。同时鸟贵族对食物烹调方式进行了非常彻底的标准化及手册化培训，所以全国店铺的口味和服务都非常统一。

鸟贵族的开店选址大多在地下或者二层以上，因为这些位置的租金要比临街的一层店面便宜约30%。

位于大阪市的公司总部，为了削减经费在住宅区开设了办公大楼，而且大楼一层竟然是制作鸡肉串酱料的工厂。从原材料到成品酱料需要经过好几天的工序。秘制酱料从这里的工厂发向全国店铺，使得全部分店的烤串口味均一化。

将以上两部分内容进行统合，就可以得到完整的鸟贵族因果关系，如图4-3所示。

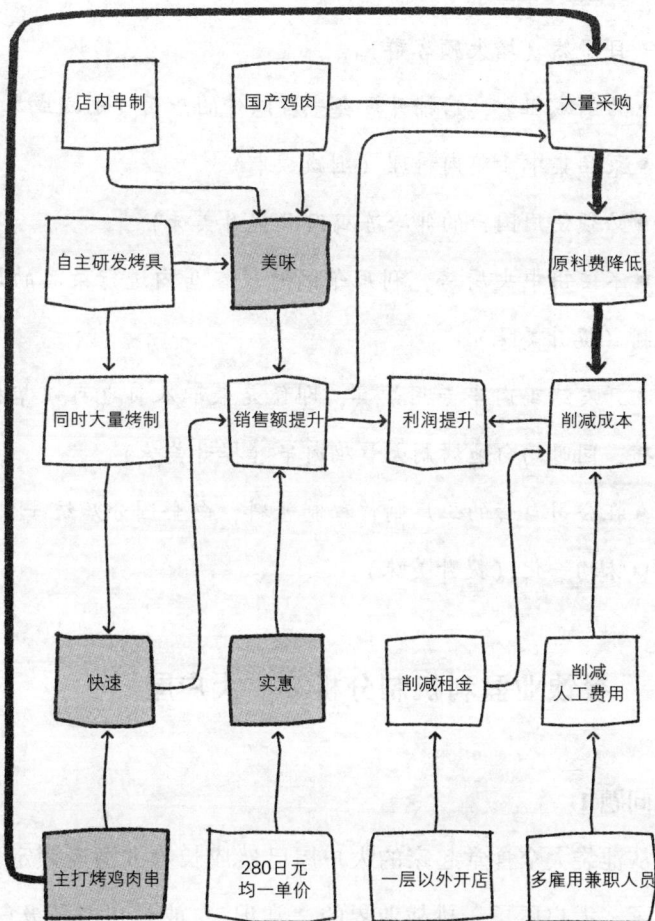

图 4-3　鸟贵族的因果关系示意图

　　因果关系示意图中以及刚才文章中提到的有关鸟贵族独特的经营策略方面的要点，也罗列如下。

- "280日元的均一单品价格"不仅非常实惠，而且价格条目一目了然（增大顾客群）。

- 为削减租金，店铺开设在一层以外的店面（削减成本）。

- 菜品集中于鸡肉料理（削减成本）。

- 必须使用国产的非冷冻鸡肉（提升美味）。

- 不使用中央厨房，利用午间时段在店内进行菜品的切分和串制（提升美味）。

- 开发烤鸡肉串专用炉具，即便是兼职人员也可以掌握烹饪技巧，同时均匀地烤制大量鸡肉串（提升美味）。

- 在公司自营的工厂制作秘制酱料，向全国分店统一供应，保证口味均一化（提升美味）。

4.3　餐饮业盈利机制分析②　大户屋

问题①

从池袋大众食堂起家的大户屋已然成长为大型连锁定食屋企业了。大户屋勇于挑战业界的"常识"，放弃利用高级食材，成功烹饪出一道道不凡的美味。"反常道而行，用平价食材做出美味料理的战略"具体来讲究竟是什么呢？

答

不利用中央厨房，各个分店均自行处理食材。同时，套餐中的每道菜都是一客一做，以保证顾客品尝到的都是新鲜可口的料理。

解说

连锁餐饮行业的基本常识是，食材均由总部配送，在中央厨房进行预先处理，送到各个分店的食材只需要进行一小部分的处理。以此实现成本削减，口味均一化，也更便于达到管理的目的。

大户屋打破业界常规，在店内进行包括食材处理在内的所有烹饪步骤，即使是普通的食材也能令其酝酿出富有层次的美味。

具体内容如图 4-4 所示，用在店内处理过的新鲜食材，采取一客一做的烹饪方式，将刚出锅的热气腾腾的美味呈现给食客。

大户屋只采用"烤、炸、煮"这三种烹饪方式，以达到刚出锅时便具有绝佳口感的效果。

问题②

大户屋总部的职责不仅仅是选定菜品、配送食材，为了实

现全部分店的口味均一化，更在培训员工使用厨具以及按固定
顺序烹饪等方面倾注了极大的心血。那么，这些培训是怎么进
行的呢？

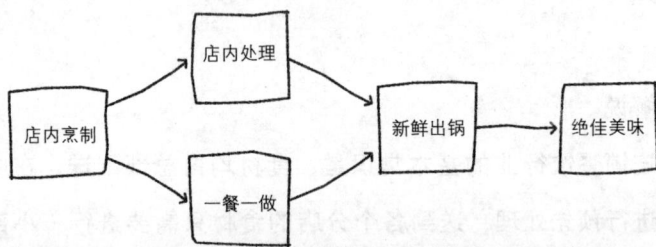

图 4-4　各个店铺自行处理食材的效果

答

研发出适用于一客一做的烹饪工具，可以轻松搞定一人份
干制鲣鱼的自动刨花机等，将这些烹饪器械配置在各个分店。
同时将烹饪顺序细致化标准化，录制 DVD 详细说明每一个烹饪
步骤。运用这些方法，兼职店员们同样可以做出美味的菜肴
（图 4-5）。

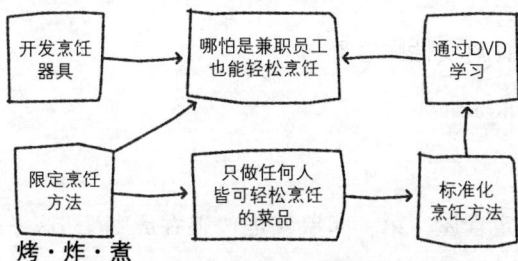

图 4-5　全部分店口味均一化的方法

解说

大户屋并不是大锅烩，而是采用了一客一做的形式，如果不按照更富效率的顺序烹饪菜品，就难免会浪费很多宝贵的时间，导致顾客等餐过久以及人工费用的增加。

针对这个问题，大户屋总部进行了详尽研究，调查出了最具效率的烹饪顺序，并将其详细地标准化，向各个分店分发DVD版的操作手册。兼职店员通过观看DVD学习烹饪方法。可以说，相较于其他的连锁餐厅，大户屋更善于激发员工的潜在能力。

问题③

大户屋为了增加销售额，特别针对某个顾客群体进行了战略调整。那么，大户屋特别针对的是哪个顾客群体呢？

答

特别针对女性顾客群。

解说

提起定食屋，第一印象就是"狼吞虎咽"，这一点常常令女性食客敬而远之，但是大户屋却另辟蹊径，专门针对女性消费群体进行了考量和改善（图4-6）。

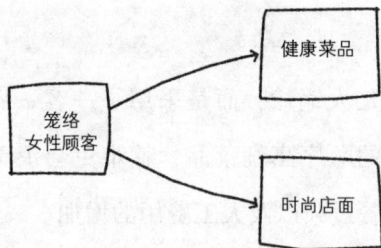

图4-6　大户屋为提升营业额进行的改善

"时尚亮眼的内部装修""更低的卡路里，蔬菜更多的健康菜品""适当的菜量"，大户屋在这些方面下了一番功夫，最终赢得了女性顾客群的青睐。

那么请阅读以下文章，并完成因果关系示意图。

大户屋凭借什么大获成功?

过去在日本街头随处可见的大众食堂，最终被大时代的洪流席卷，渐渐从人们的视野中消失了。大户屋的前身也是一家位于池袋的大众食堂，发展到现如今的大型连锁套餐店，在全国拥有400家门店。营业收入由2001年的50亿日元，增长至2015年的246亿日元，发展的脚步也由日本走向全球，大户屋在海外也颇有人气。

大户屋的成功秘诀可以概括为4个字："打破常规"。

大户屋不使用中央厨房，希望借此与同业竞争者拉开距离，形成差异化经营。中央厨房可以高效地利用员工以及工具，但大户屋却偏偏采取了一客一做的烹饪方式。

大型企业如果应用这个策略，恐怕无法在激烈的竞争中生存下去。但对于中小企业而言，这是一种赢得市场的颠覆性策略。得益于这个策略，大户屋才能成功践行"家常菜的味道"的营销理念，并取得不俗的成绩。

定食屋"狼吞虎咽"的不雅印象令女性顾客退避三舍，但大户屋的顾客群体40%以上都是女性。大户屋的社长在机缘巧合之下突然意识到，女孩子也很爱吃烤鱼这样的重口味，因此他果断地将"可以令女性毫无负担地光顾的定食屋"作为主要经营理念，把店内的装修风格打造得时尚清新，菜品改良得低卡健康，现实的回报有力地佐证了这些策略的正确性。

即便特别费时费力，各个分店也坚持从材料处理开始烹调。

全部的食材在早上都会经由店内专门负责处理食材的员工之手进行烹饪前的准备。制作猪排的猪肉也是先采购肉块，然后在店内切片，并且在炸制之前再蘸裹粉。白萝卜泥也是一样，不是统一做好后放置取用，而是在配餐之前一份一份地现场制作。大户屋特地采购熟制半年以上高级餐厅使用的优等鲣鱼，在店内用刨花机制作新鲜的干制鲣鱼。理由非常简单，因为"这样更好吃"。

讲究地道的用料，费时费工的烹饪方式，然而价格却非常公道，每份套餐为800~1000日元。那么，大户屋是如何做到在这样的条件下依然能奉行低价销售，并让全国每家店的味道都统一的呢？

与其他连锁餐厅一样，大户屋的员工大多都是兼职人员。店里的菜单进行过改良，让兼职人员也能轻松地上手烹调。比如，将烹饪方法录制成DVD操作手册，任何人都能通过视频熟练掌握，各种材料放置在什么器皿中以及如何摆盘都进行了标准化教学。同时，通过电热式加热器加热陶瓷盘，使用有炭火烧烤效果的红外线炉具，兼职店员也能轻松地上手制作食物。

大户屋菜单中摒弃了需要熟练操作的菜品，紧抓烹制美味的关键，并且只采用非常基础的烹调方式：烤（烤鱼等）；炸

（炸鸡块、炸猪排、可乐饼等）；煮（面类等）。

除了干制鲣鱼这类调味品，店内均不使用任何高级材料，利用巧妙的方法使平价食材也能烹制出美味。其中，格外下功夫的一点是"缩短烹调到上餐的时间"。白萝卜泥会在擦好的几分钟之内变辣，而且新擦出来的话配酱油更好吃，所以特意要一客一做。干制鲣鱼也是一样，上等鲣鱼再经新鲜刨制口感绝佳。总结而言，大户屋只将自己宝贵的时间花费在会令食物更加好吃的切实操作上，至于烹制过后到端上餐桌的这部分间隔，自然是越短越好了。

最重要的是，要时常思考高级食材本身之外的"对口感有影响的因素"。即便每份食物多花 10 秒钟，增加的成本也在 10 日元左右，但会让食客切身地感受到烹制的用心，这就是一家餐厅的附加值。

此外，大户屋将员工们的潜力很好地激发了出来。找到了"让所有人都能做出美食的方法"（其实可以理解为只选择任何人都能做好的菜品），对烹调步骤进行详细分解并直观演示。

大户屋成功要素的因果关系示意图如图 4-7 所示。可以从示意图中获取的信息点如下所列。

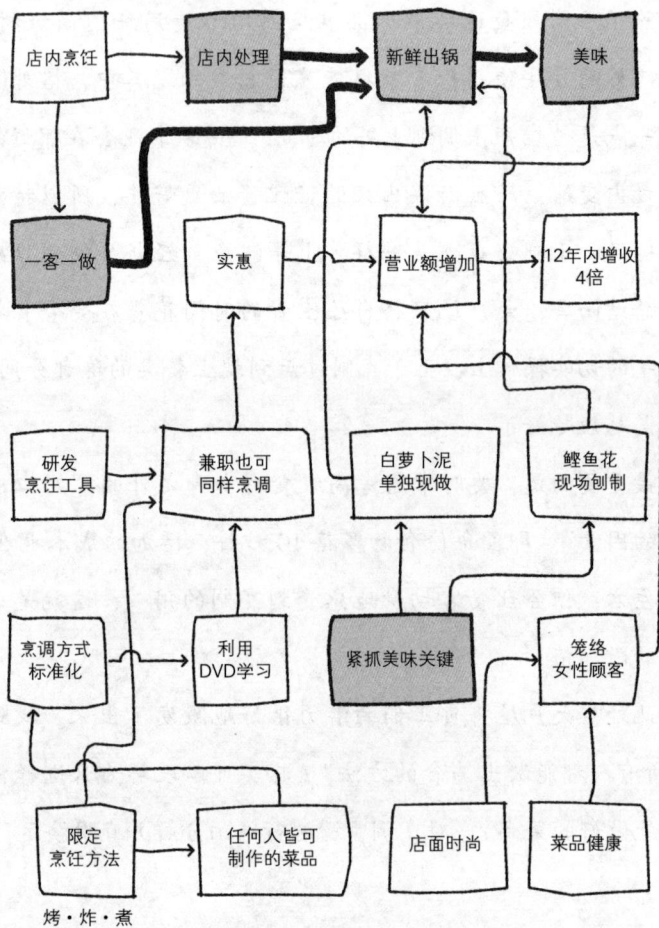

图 4-7　大户屋成功要素的因果关系示意图

- 烹调方法限定于"烤、炸、煮"这三种（提升美味）。

- 一客一做，即做即食（提升美味）。

- 寻求任何人皆可烹调美食的方法，将其分解为详细步骤（提升美味）。

- 为了美味多费工夫（提升美味）。

- 不使用中央厨房，在店内处理新鲜食材（提升美味）。

- 装修时尚，菜品健康（扩大女性顾客群）。

- 激发店员潜力，适应较复杂的操作（高效利用能力）。

4.4 餐饮业盈利机制分析③ 四十八渔场

问题

提到居酒屋，大家脑海中的普遍印象就是菜品种类繁多，价格实惠。但四十八渔场可谓是居酒屋中的异类。这家连锁餐厅将鱼贝类作为特色料理，提供种类繁多、新鲜度高的海产品，并且价位十分公道，与渔民们进行了许多合作。那么，连锁餐厅四十八渔场是如何做到以低廉的价格提供新鲜的海产品的呢？

答

与渔港合作，派遣公司职员常驻渔港，能批量采购新鲜捕获的各种海鲜。同时，还可以向渔民学习长时间保持新鲜度的杀鱼方式，并当场采购在渔船上就处理过的新鲜鱼类。

解说

让公司员工常驻于某几个渔港，可以第一时间大批地采购新鲜鱼类。而且经过一种名为"神经缔法"的特殊技巧处理的鱼类售价更高，渔民的生活更有保障。另外，向各分店直接调配新鲜海产品，可以获得更优惠的报价。同时，渔民和公司都能各取所需，构筑起双赢的合作关系。以上内容如图 4-8 所示。

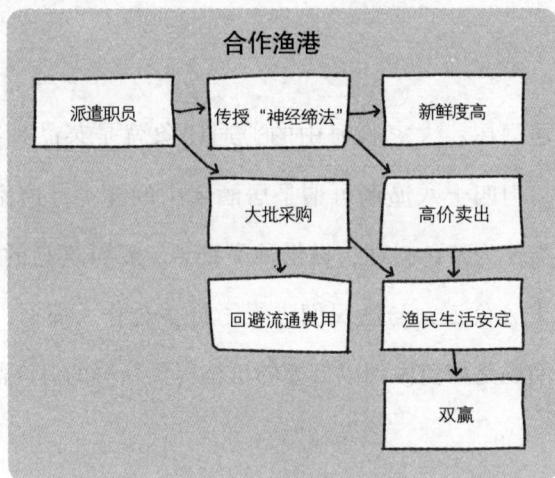

合作渔港

派遣职员 → 传授"神经缔法" → 新鲜度高

大批采购　　　　高价卖出

回避流通费用　　渔民生活安定

双赢

图 4-8　低价采购新鲜海产品的窍门

接下来请阅读关于四十八渔场的案例。

四十八渔场的成功奥秘

四十八渔场是以鲜鱼为主打的连锁居酒屋，为 APCOMPANY 公司的旗下品牌，APCOMPANY 除四十八渔场外还经营着多家人气连锁餐厅。首先，公司派员工到有合作关系的渔港，并向渔业协同组合教授"神经缔法"的方法处理鱼类，同时签订合约，以略高于市场的价格长期收购神经缔法处理的鱼类。因此，公司可以采购到比别家更新鲜的海产品。公司职员由于常驻渔港，所以可以随船捕捞，挑选适于采购的海产品。

所谓"神经缔法"是指用金属细针由鱼头刺入背骨，切断鱼的中枢神经，让鱼死后保持肌肉静止状态的处理方法。这样鱼身不容易受伤，可以将保鲜时间延长到 24 个小时以上，不过，此举要求具有非常娴熟的操作技术。渔民们也非常勤勉地苦练这个杀鱼技巧，以提高鱼类的附加价值。捕获的鱼类不需要经过市场，直接向各个店面送货，省去了流通环节的费用，并且鲜鱼采购员可以直接向店员传达鱼的相关信息。

四十八渔场的商业模式的特殊之处在于，通过将"渔民和鱼协"、"鲜鱼采购员"以及"店员"这三方进行紧密关联，衍生出更大的附加价值。这个机制让渔民们获得了更好的卖价、更稳定的收入，让 APCOMPANY 以非常公道的价格获得了从市场很难入手的新鲜货源，双方构筑了稳定共赢的合作关系。

同时，鲜鱼采购员可以采购得到一般不在市场贩售或者只适合在本地消费的海鲜品种，并且可以直接向店员反映食材的相关信息，顾客不太熟悉的品种，店员可以再进行详细介绍。对于食客来说，可以品尝到市面难觅的罕见海鲜。在四十八渔场，店员把很多鱼放进一个大桶内，顾客可以根据喜好进行挑选，并且可以选择烹饪方式。这听起来好像是在普通的连锁小酒馆里享受到了高级烹调的服务。

店内提供的鲜鱼仅限于公司直接批量采购的品种，既新鲜又实惠，并且可以轻松获得相关海鲜的信息，受到广大食客好评。同时，直接从渔港采购经过"神经缔法"处理的鱼类，新鲜度尤其之高，能在唇齿舌尖品味到平常居酒屋难以企及的美味及口感。派遣公司职员常驻渔港的成本远不及到市场直接采购新鲜高价的海鲜来得高昂，并且可以呈现给食客不同于寻常居酒屋的极致新鲜、极致美味的海产品，这就是最大的优势。

将以上的因素落实到因果关系中，即可得到图 4-9。

从这幅示意图中可以读取到四十八渔场在经营策略上的一些关键点，如下所列。

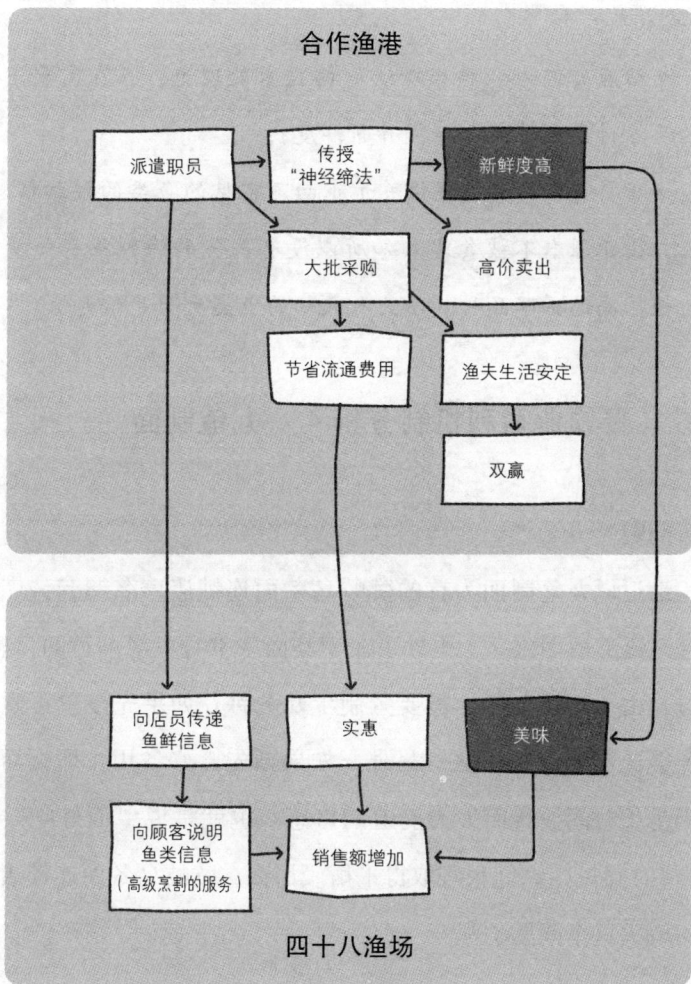

图 4-9　四十八渔场成功要素的因果关系示意图

合作渔港

派遣职员

传授
"神经缔法"

新鲜度高

大批采购

高价卖出

节省流通费用

渔夫生活安定

双赢

四十八渔场

向店员传递
鱼鲜信息

实惠

美味

向顾客说明
鱼类信息
（高级烹割的服务）

销售额增加

●派遣职员常驻渔港，鱼类直接由各条渔船而非市场采购（削减成本）。

●让渔夫们用"神经缔法"的技术处理鱼，只在需要下功夫的地方付出额外成本（提升新鲜度）。

●店员可以向食客提供关于市面不常见的鱼类的详细信息，因此，由于原本不被食客熟知所以没有人气的海鲜摇身一变成为价值很高的稀罕品种（不为人熟知的鱼类反而开始走俏）。

4.5　餐饮业盈利机制分析④　丸龟制面

问题

最近以丸龟制面为首的赞岐乌冬面连锁店声名鹊起，广揽人气。爆红原因之一，不外乎在于其面条本身爽滑劲道的口感。不过，由于赞岐乌冬面需要煮制十几分钟，如果先接单再煮面难免会让食客等待过久。另外，如果预先煮好备用，那么面条会因为长时间放置而失去筋道的口感。也就是说"面好吃"和"等待时间短"之间很难取得平衡。那么，赞岐乌冬面连锁店是如何解决这个问题的呢？

答

煮好的乌冬面立刻浸入冷水中冷却，然后进行保存。简单地说，就是用"煮放"的方式保持乌冬面劲道的口感。

解说

经过煮放法处理的乌冬面，煮熟之后可以在大约二十分钟之内保持口感。顾客进店后点单，拿到面条后可以自助选择面条的配菜，最后完成结账。这样一来，比在快餐店等餐取餐的速度还要快。如果没有所谓的煮放法，这个商业模式也就无从谈起了。

那么，请阅读有关丸龟制面的文章，并尝试绘制出因果关系示意图。

丸龟制面为何大获成功？

丸龟制面是一家赞岐乌冬面的连锁店，在日本铺设分店达800家以上。这家店最大的特点在于，主营赞岐乌冬面类，并展现出了快餐店的三大价值——"快速、美味、实惠"。

丸龟制面敢于突破普通连锁餐厅的常规，不使用中央厨房，而在店内的厨房保证纯手工制作。在店内揉制醒发乌冬面粉，然后利用店内机器进行再次加工，不进行切制，而是在面团状态下进行封存。汤汁、天妇罗、寿司等所有菜品，都在店内从材料开始一步步烹制。所以，厨房集中了许多店员。

走进丸龟制面的食客们，首先会在点餐处排队然后从菜单中选择自己中意的烹调方式。菜单基本上也只有冷、热、酱汁拌面这三种。乌冬面盛在碗中递给顾客，顾客在柜台前按队列前进，自取喜欢的配菜，然后到收银台结账。这种自助式点餐的方式可以令顾客的等待时间和店铺的人工费用大幅削减。

厨房内的制面机随时待命，面条储量一旦减少店员立刻切面，用大锅煮制。如果将切好的乌冬面进行保存，面条会变得干燥粗糙影响口感，面条只有现切现煮才会发挥出其本身的劲道爽滑。丸龟制面将"现做""现煮""现盛"作为卖点，这三步对赞岐乌冬面的口感带来了决定性的影响。

将热腾腾的乌冬面迅速置于冷水中冷却，也就是通过"煮放"的方式，令乌冬面保持劲道的口感。顾客点餐后，在热水中过焯一下乌冬面再盛入餐具内，之后加入汤汁。因为步骤简单，所以保持最佳状态的面条很快就能出餐。酱汁或者配菜都是新鲜烹饪好的，所以令食客感觉格外新鲜美味。得益于此，丸龟制面所有菜品的口碑都非常好。

菜品价格在300~500日元，非常经济实惠，乌冬面的材料本身是小麦粉，所以材料费用也并不高。用简单的材料做出了令食客赞不绝口的美味，店铺极高的综合满意度也令食客人数稳步攀升。由于顾客不需要花太多的时间等待，所以餐位周转率较高，即便在用餐高峰也能轻松应对。因此，餐厅销售额增加，食材采购价格更加优惠，成本得到了削减。

丸龟制面敢于逆流而上，践行低效率的"店内手工制作"模式，虽然成本略高，但还是将定价控制在每客平均500日元左右的水平。即使采取低价模式依然盈利颇丰，这要归功于庞大的来店人数。以用心的服务和极致的美味呈现给顾客，令他们成为铁杆回头客，说白了就是采取薄利多销的策略。从某种层面上来说，丸龟制面的独特之处就在于将手工制作的成本转化为"招揽顾客的市场营销成本"。

丸龟制面的因果关系示意图如图4-10所示。从中可以提炼出丸龟制面经营方针的独特之处，列举如下。

- 店内制作好的面条立刻下锅煮（面条口感更好）。
- 煮好的面条立刻过冷水，避免面条变黏，保持刚出锅的劲道（面条口感更好，食客等待时间更短）。
- 不使用中央厨房，于店内制作配菜和汤汁（提升美味）。
- 顾客自行取面，自行选择配菜的自助点餐模式（缩短等待时间以提高顾客周转率）。

● 平均客单价 500 日元，价格实惠（客流量增大）。

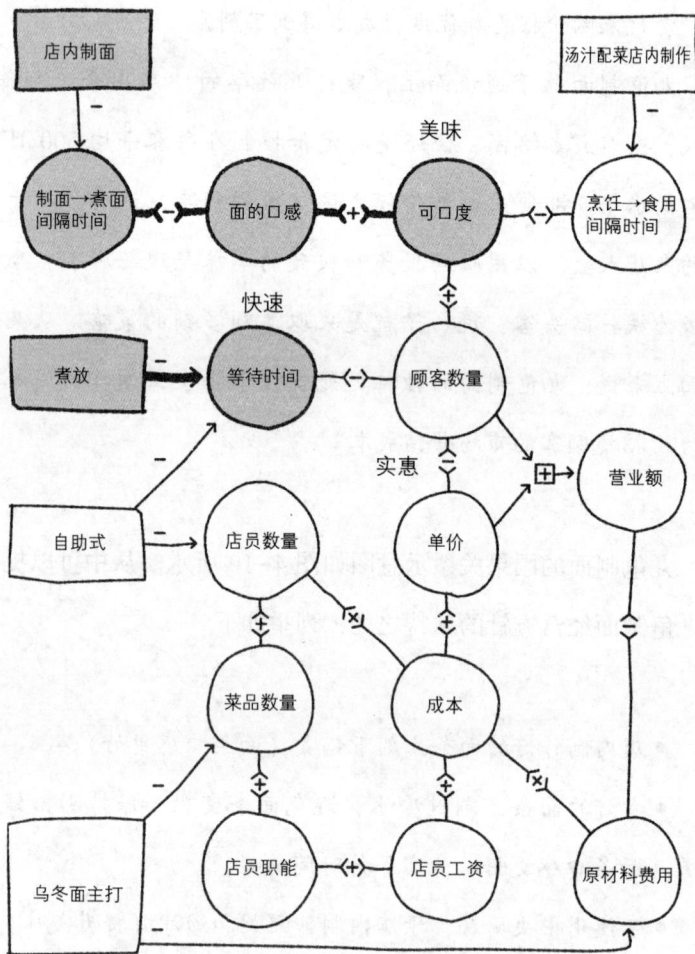

图 4-10　丸龟制面成功要素的因果关系示意图

在餐饮业分析的基础上，接下来请尝试进行其他行业的案例分析。

4.6　服务业盈利机制分析①　便利店

问题

便利店的核心卖点是"总在身边，一应俱全，便利十足"，所以便利店行业普遍采取广分散式的店面分布方式，这样更容易提升顾客吸引力。便利店越多，离消费者的距离越近，就会带来更稳定的营业收入。

另一方面，便利店经常销售便当之类的保质期限很短的商品，所有的店铺都需要一天配送多次。

如果增加店铺数量，而每家店都要求一日多次配送的话，那么物流成本就会过高，与超市相比会失去价格方面的优势。也就是说，在便利店行业的商业模式内存在着两个矛盾点，即"分散配置式开店"以及"物流成本增高"。那么便利店行业是如何平衡这个矛盾的呢？

答

连锁便利店自持物流中心，采取在物流中心周边集中分布店铺的策略（占优策略）。

解说

所谓的占优策略之中的"占优"，可以理解为"支配性的"或者"压倒性的"强势地位。连锁便利店通过建设自己的物流中心，集中在物流中心周边开设店面，达到了扩张全国便利店网络的目的。如此一来，货运车可以以物流为中心，一家一家地逐店配送，削减运输成本。将以上变量落实到示意图中即可得到如图 4-11 所示的内容。

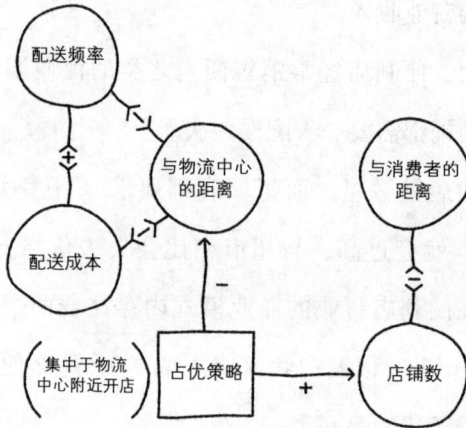

图 4-11　何谓占优策略？

距离物流点较远的位置开店的话太不合算，所以店面选址的基本方针是尽量回避这些地区。哪怕是行业翘楚的 7-11 便利店，

136

全国范围内没有开店的区域也非常之多。**和其他行业比较，便利店受到了高物流配送频率的影响，所以开店位置受到"物流"的限制。**

接下来请阅读便利店相关文章并完成因果关系示意图。

便利店的商业模式

如果用一句话总结便利店的价值，那么可以引用 7-11 便利店的广告文案"总有一家在你附近"，也就是便利性。如果只买一点东西的话用不着特意到超市或者专卖店，这种需求其实在任何时代都存在，想必从前的"杂货店"就是一种雏形吧。便利店就是把杂货店系统化然后应用到极具盈利能力的商业模式中。"广而浅"的商品种类，小面积、多铺设的店铺规模，徒步几分钟即可达到，这对于附近居民来说十分方便。

便利店行业的商业模式中存在着"物流窘境"。如果小的店面增多，再加上店内库存容量也很有限，所以不得不分多次进行送货。尤其是保质期只有一天左右的生鲜食品，可能需要一日内多次配送。如果利用大型物流中心，那么运输成本过高；如果分散配置物流中心，各自负责的便利店数量又太少，同样会造成运输成本过高。

这个问题的解决方式是"分散配置物流中心，在其周边开设便利店"，就是上面介绍过的"占优策略"。先在计划开展业务的区域中建设一部分物流中心，然后围绕这些物流中心增设店铺。也就是说，不要漫天撒网般地开店，而是要围绕物流中心在半径10公里左右的位置集中开设几十家便利店。

因为便利店商品种类非常多，所以需要从许多制造商及批发商那里进货。片区的物流中心混装着多个种类的商品，仓库区域按照各家便利店来细分仓储位置，所以可以做到按店铺实际状况配送需要一日多送的商品。这个方式实现了便利店仓储空间最小化，让原本就狭小的店铺面积最大化地用于经营。

便利店行业的另外一个特征是由总部代理一切事务。因此，各店可以将精力集中于销售商品。不过，为了实现这样高频率的配送，需要由店铺收集一些信息，比如"什么商品卖了多少"之类的，然后将信息实时传达给总部，因此构建起了在线销售管理系统和库存管理系统。

同时，将"单品管理"贯彻到位。例行检查全部商品销售额以及库存情况，进行分析是否因为缺货而造成了机会损失。目前为止的零售行业中已有"补足售罄商品"的概念，然而，还是没有建立起"为了将机会损失降至最小，要时刻观察营业变化，重复进行假设、验证的循环"的概念。

在零售行业，7-11便利店是这个概念的先行者。各店铺的店长分析销售和库存情况，并且加入自己的观察和判断。比如说，先成立一个假设"上周六的上午，A便当销售情况良好的原因是附近小学举办了运动会"，接着配合下次校园活动适当增加采购对这个假设进行验证。

就像这样，店内杂项事务的处理全权交由总部负责，各个分店只需要进行"什么好卖"的分析，而且可以根据各店的分析来订购商品，所以每家店的商品种类都在变化着。换言之，便利店行业并不是总部布置销售任务的"推动型"行业，而是主动出击，并由各个分店自己判断最畅销的商品种类——这可以理解为是一种"拉动型"的零售业态。

实际上，便利店不仅重视商品销售，还十分重视服务。例如，在店内设置机器，提供电影、音乐会票务的代售及复印等多种多样的服务。并且，最近增加了电话以及网络订购服务，店员可以将便当或者其他商品送货上门。有的便利店甚至增设了"用餐角"，这个创新之举也对快餐行业构成了不小的威胁。

现如今，便利店已经不单单满足于销售特定商品的定位了，要确保自己是距离消费者最近的一个"场所"，在这种条件下要不断进行假设、验证的循环，将自己逐步完善成一个提供新服务、新产品的全能型"创新之地"。

便利店的因果关系示意图如图 4-12 所示。从示意图中读取到的，关于便利店独特的经营策略也逐条列出。

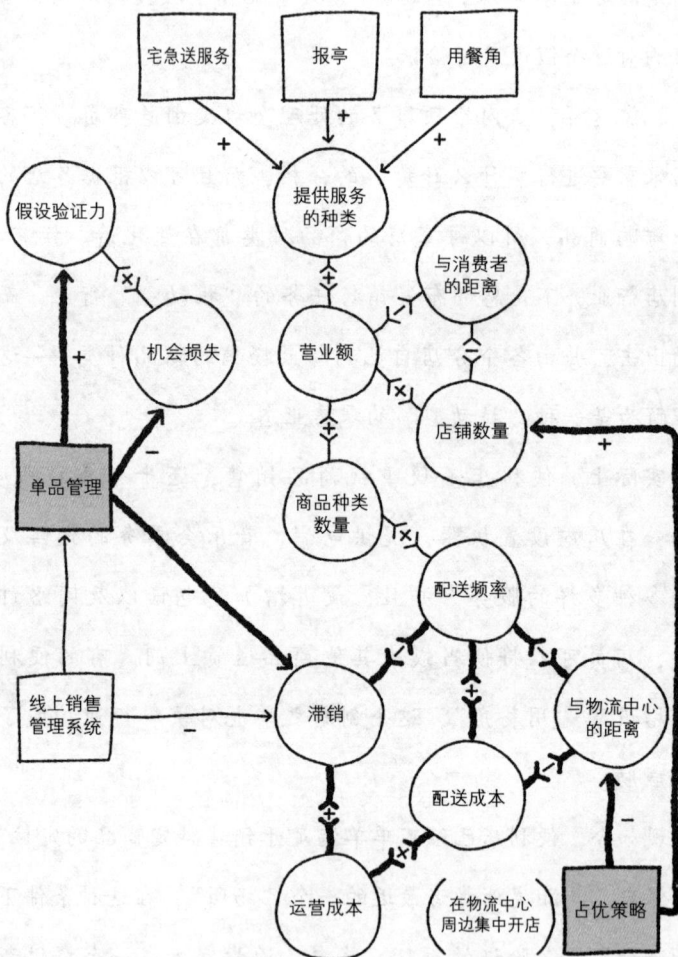

图 4-12　便利店因果关系示意图

- 在物流中心周边集中开设店铺，即采取"占优策略"（开店策略）。

- 由总部代理一切杂务，便利店可以集中精力"销售配送到店的商品"（明确职责）。

- 店员每日检查全类目商品的销售情况和库存情况，执行"单品管理"，这不仅可以预防库存过剩，还能通过假设验证循环来减少商品售罄所导致的机会损失（店内判断商品情况）。

- 便利店不仅具备商品销售的功能，还在开展银行、宅急送、餐饮等多行业的代理服务（提供多样化的"场景"）。

4.7　服务业盈利机制分析②　QB House

问题

QB House 作为超低价连锁理发店的先驱品牌，打出"十分钟令您焕然一新"的宣传语，在缩短理发时间上下足了功夫。这个富有巧思的改变在无形中让客人光顾的次数增加了。那么，这个功夫究竟下到了何处？

答

不把头发剪得太短。

解答

为了在 10 分钟之内完成剪发，并且令发型更加自然，不剪掉过多的头发是最直接有效的方法。因为价格低廉，所以顾客会想，长长了再来就好了，这一点非常关键。

QB House 成功的秘诀

战后，由于受到既得权保护的影响，理发店和美容院在法律方面有严格的业务区分。由于理发店工会的价格协定等原因，理发行业一直维持着优质服务和高端价格的状态，一直到 20 世纪 90 年代才出现了低价理发店。运营着"1080 日元理发"的 QB House 的 QBNET 公司，自 1996 年创办第一家店以来就保持着急速扩张的步伐，在低价理发店行业有着庞大的市场份额。

QB House 的特征有以下几点。首先，使用不同一般于美容美发店的洗剪吹设备。剪发仅仅需要 10 分钟。虽然偶有超时的现象，也并不会额外收费。只有剪发服务，其他的剃须修容或者洗发吹风等服务均不提供。使用一种叫作"空气清洗机"的吸尘器替代剪后的洗发程序，吸走头颈部的碎发。

在店外显眼处设置了一种三色灯，用以观察店内顾客的多少。如果灯色为绿则代表"即刻可剪"，黄灯亮起则"需等 5~10 分钟"，如果是红灯则代表"等待时间超过 15 分钟"。这些信息同样可以在公司官网上看到。同时，利用公司开发的手机APP不仅可以查看店内的等位信息，甚至可以提前选择自己喜欢的发型，到店之后无须多言，拿给理发师看一眼就可以了。

在店内有一套名为"系统单元"的程序化设备，同时店员的工作步骤也进行了程序化培训，以达到节省空间时间的目的。由于不使用热水，所以无须加热设备，那么每位顾客所需要的平均空间也自然节省了下来。这个特点令 QB House 在车站内或者商场任何一处较小的空间就能开展业务，并且租金也相对低廉。在车站附近以及市中心人群便于集散的地方开店，打出广告，只占用大家 10 分钟理发，所以吸引了许多忙里偷闲利用零散时间理发的人们。

从商业模式的角度而言，从上文可以总结出如下的特征。首先，每客约 10 分钟的理发时间，要比常规理发店的顾客周转率高。运营费用中的绝大部分都来自员工工资和店铺租金，如何用 1080 日元的营业收入维持这 10 分钟的成本，是公司在增设连锁店铺、考量盈亏平衡点的关键所在。"不会剪得过短，维持了原来的发型，所以显得自然"这也是 QB House 的精髓理念。从结果来看，顾客们获得了平均水准的满意度，来店次数随之增加，每位顾客贡献的营业收入也提高了。

仅需要简单的设备和系统，无从业经验也能轻松加入，是一种非常适合商业化的经营模式。为了巩固行业霸主的地位，QB House 又加大了人才培养的投入。新员工在正式工作前会进行培训和实习，派遣到店之后总部也会继续跟进员工的情况，详细指导他们如何在 10 分钟内完成剪发。这里提到的指导，相较于剪发技术，其实公司更加看重店员在倾听顾客需求时的交流技巧。同时，QB House 为了加快顾客周转率，特别致力于培训员工如何快速剪掉较多的头发，所以理发师的技术精进很快，年轻的理发师非常受欢迎。

同时，在东京近郊地区，QB House 似乎有计划在铁路沿线附近集中增开新的连锁店。这也是考虑到同线路上的店铺可以灵活地相互调配人员，以便于向新开店铺派遣老店员工。

QB House 的因果关系示意图如图 4-13 所示，可以从中读取 QB House 的如下经营特点。

- 不提供洗发以及剃须等常规服务，实现低价运营。
- 由于不提供洗发剃须等服务，所以不需要上下水设备，实现了店铺小型化。
- 理发费用在自动贩售机上事先支付，理发师只需要专注于剪发这项职责即可。

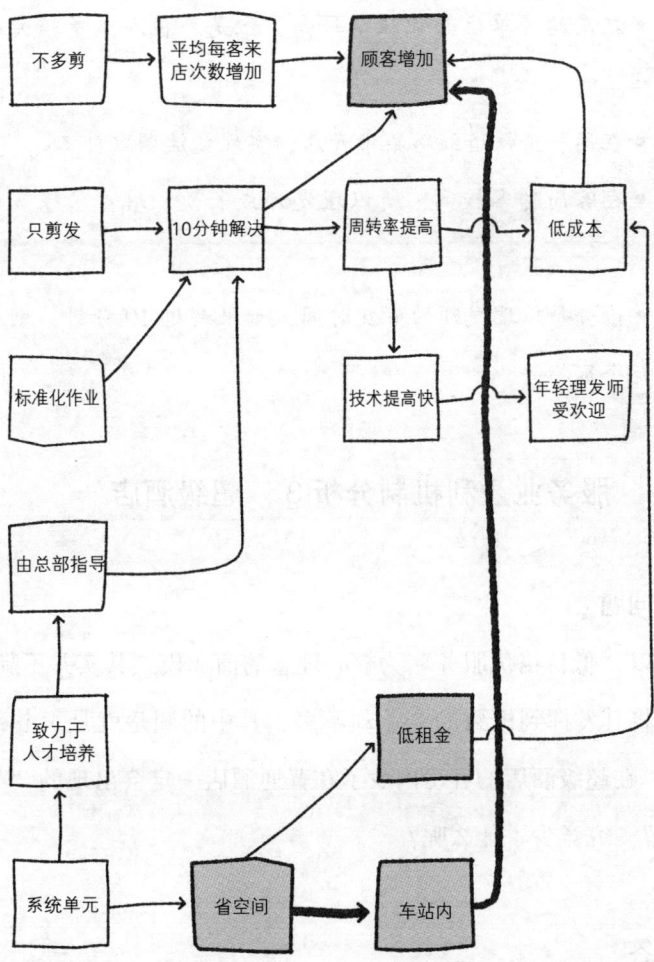

图 4-13　QB House 因果关系示意图

●不剪太短，顾客来店次数增加。

●在车站等单位面积租金较高，但是来往人流量较大的地方开店。

●在同一条铁道线路集中开店，实现灵活调配员工。

●顾客周转率较高，所以理发师成长快，培养了很多优秀人才。

●检查每位理发师的剪发时间，如果超过 10 分钟，则由总部进行个别指导。

4.8　服务业盈利机制分析③　超级酒店

问题

以"低价格优服务"为核心理念的商业模式其实并不新鲜，但能将其发挥到极致的企业却不多，其中的翘楚就是"超级酒店"。在超级酒店的客房内少了在普通酒店一定会出现的"某样设备"。究竟少了什么呢？

答

没有固定电话。

解说

由于现在的住客几乎都带着手机，所以没有在房间内安装电话。房间的主要功能是睡觉，睡觉后关掉灯房间会很昏暗，电话也显得没有很大的用处。大厅和餐厅也不大，在酒店的内装上也没有花费太多。体现了"不要让100人中的任何一个人感到服务不周"的中心思想。

阅读以下超级酒店的相关文章之后，请试着绘制出因果关系示意图。

超级酒店如何斩获成功？

大约在二十年前，超级酒店开始崭露头角，现在全国拥有110家以上的分店。客房利用率达到了90%，客户重复利用率达到了70%，比起其他平价酒店的营业模式，超级酒店获得了极大的成功。在模式深层，超级酒店有着一套张弛有度，敢于接连打破业界常识的经营策略。

超级酒店一晚的费用在5000日元左右，属于经济类商务酒店的范畴。办理入住时你会发现，前台只有一名工作人员进行引导，除此之外只配备自动登记机，住客可以自助式办理入住手续。

如果之前是入住过的顾客，以后就不需要再填写住址和电话号码了。房费仅支持提前支付，入住时会收到一张单据，上面打印着房门的密码。客房门禁全部采用密码锁，每有新客人登记入住都会更换一次密码。

客房和普通商务酒店的面积差不多，并不宽敞。不过在客房内，卫生间的洗澡设备都很完善，外面还有公共浴场。原本公共浴场只在温泉里面才有，由于某些酒店增设的公共浴场很受住客欢迎，便顺势在全国推广开来了。

同时，酒店提供早餐，虽然种类并不算丰富，味道却也还过得去。房费在入住前就需要支付，所以不需要特意再办理退房了，直接离开酒店即可。

在超级酒店的经营策略里有一个关键词贯穿始终，即"满意度高的合理性"。就是说要质疑每个业界常识，明确向顾客传达的价值概念，然后把多余的东西都抛诸脑后。

酒店的主要经营理念是"宜眠"，对于住客而言，一家酒店的最大的价值在于一个可以酣然入睡的夜晚。所以，公司在外墙装置了隔音层，对于此项成本可以说是毫不吝啬。床垫采用了价格更贵的高级品，大厅里一共有7种枕头可供选择。推行了"如果无法入睡，全额退房费"的入住品质保证体制，在CS系统中量化退款金额，以便将影响睡眠的因素逐一修正。

超级酒店在IT化投资方面也不断地痛下血本。早在进入酒店行业之前，公司的主营业务是短租公寓，当时的公司就致力于搭建IT系统，后来以此为基础进一步完善了现有的酒店系统。财会管理也进行了IT化，无现金、无纸化操作的实现指日可待。顾客的信息也通过CRM（顾客管理系统）进行了IT化管理，CS（顾客满意度）的相关问卷调查也由总部进行一元化管理。总部的呼叫中心会统一处理来自各个分店的投诉，并且CS负责人要直接与投诉客户沟通对话。

同时，公司和长期住客进行意见沟通，不会每日例行地更换毛巾和床品，此举可谓是一箭双雕，不仅实现了经费削减，还树立了更具环保意识的乐活品牌。而且，还不像普通酒店一样直接在房间内放置牙刷浴袍等物品，超级酒店的住客们可视需求到大厅自取自用。

根据以上说明，我们可以得出超级酒店的因果关系示意图，如图4-14所示。如果用变量型示意图来表示的话，即可得到图4-15。

变量型示意图的中心变量是"顾客满意度"。从图中可以看出，不论采取哪种策略提升顾客满意度都会直接导致成本的增加。

如果是普通酒店的话，一般会对这些变量进行调整以达到相对平衡的状态。不过，超级酒店却采取了不同的策略，优先考虑对顾客满意度有影响的一部分变量，同时又牺牲另一部分变量。在示意图中这些变量旁边以○或者×来标记。○记号表示即便花钱也要达成的要素，而×记号则意味着要放弃的要素。

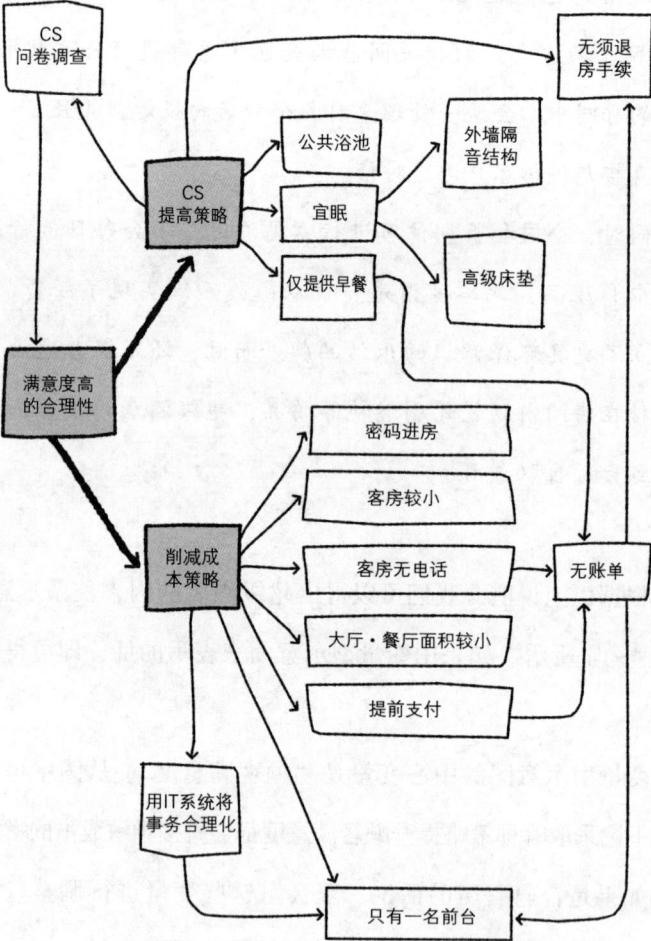

图 4-14　超级酒店的因果关系示意图

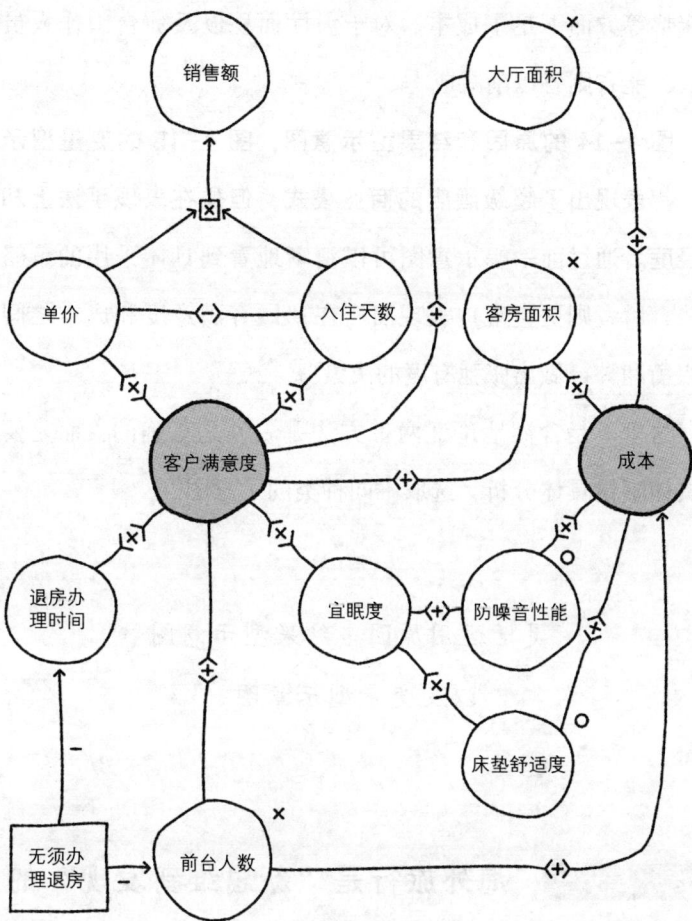

图 4-15 超级酒店变量型因果关系示意图

超级酒店的方向性非常明确，对于房客而言，商务酒店"只是睡觉的房间"。所以，即便房间不那么宽敞，也一定要保证睡眠质量。于是，公司在墙壁的隔音性能以及足够舒适的高级床垫等方面下足了成本。对于大厅面积以及前台工作人员的人数，能省则省以削减成本。

图 4-14 的原因和结果型示意图，图 4-15 的变量型示意图，都表现出了超级酒店的商业模式，但是在表现手法上却大相径庭。通过前一幅示意图可以清晰地看到具体采用的策略和手法，后者则更直观地表现酒店在"顾客满意度和成本之间如何权衡利弊，做出张弛有度的决策"。

这里不是含糊地论证两种方法哪一种是正确的，而是要根据具体事情具体分析，选取不同种类的示意图。

灵活运用原因·结果型示意图
以及变量型示意图。

思考小提示⑤　海外旅行是"新思维新发现"的绝佳时机

我常常到国外旅行或者出公差，在当地游走所接触到的各种服务之中，不难发现有许多"日本不具备的巧思"，这也是旅行的一大乐趣。

比如在酒店实行的"特快退房"，老早之前在美国就开始运作了。这点和超级酒店的无须退房系统有一点类似。在办理入住时，给前台出示自己的信用卡，退房当日会从门缝收到账单以及收据。如果检查账单无误，就不需再去办理手续，直接离开酒店即可。

还有一个非常有趣的经历，就是租车公司的"极速会员"。这种会员需要事先在公司进行注册，注册成功后不需要柜台办理手续，就可以直接去拿车。首先，我注意到租车行办公室外面的场地上会有指示牌，专门用来标明急速会员预订车辆的信息和车辆所在位置。急速会员可以按照指示直接找到自己的车辆，车里准备了填写好的合同和车钥匙，会员所要做的就是直接开走它。

但是这样一来，可能有人会担心，是不是没有经过预约的人也能随意开走这辆车呢？为了防止这类状况的发生，出口安装有门禁。工作人员在门禁处对照检查驾驶证、文件以及车的编号，确认是会员本人无误后方可通行。

去瑞典出差的时候，我乘坐过市内的公共汽车，上下车的时候没有任何工作人员检查车费。下门口的位置有读卡器，乘客们在下车的时候刷卡付费。我当时没有带卡，感到十分不安，于是在下车的时候询问了司机关于支付车费的问题，没想到司机回复我说："那就不用付了。"

德国瑞典的很多公共交通都奉行"乘客们都购买了足额的车票"的人性本善论，不过也偶有抽查车票的时候，如果被抓住逃票要处以相当重的罚款。

　　上文中我举的例子都是"系统设计"的相关问题。不论是酒店的特快退房还是租车行的极速会员，削减等待时间这一点，对常常奔忙于差旅的商务人士来说非常有吸引力。最近，从日本国内出发去往国外的出国审查环节逐步实现了自动化。虽然同样需要事先注册信息，但是不得不承认这个制度确实可以帮助我们在高峰时期节约大量时间。

　　在所有需要排队的行业里面，应该都可以通过"重新审视系统的设计"，提高服务质量。

第五章

遥借他山石

——将"本质"应用于别处

5.1 类比思考法之一 注意深层结构的类似性

到第四章为止，我们通过因果关系示意图，分析了几家企业的商业模式，并在最后一阶段提炼出了它们独特的经营策略。接下来的内容，将要带领大家学习如何将这些策略活用于自己的方案当中。**这里需要用到的方法是类比思考法之一"注意深层结构的类似性"，以及类比思考法之二"遥借他山石"。**

既然通过商业模式的因果关系示意图，提取出了每家企业里极富特色的策略手段，那么下一阶段的主要任务就是挖掘出它们之间的"类似性"。找到数个案例之间的共通点，然后探究出隐藏在它们背后的因果关系。

可以按照以下基本顺序进行：①提取共性以及特点；②将这些特征抽象化。

首先可以从餐饮行业的案例中提取共通策略。

全部案例的共通之处在于"减少烹饪方法或者菜品类别"。丸龟制面主打乌冬面，鸟贵族主营烤鸡肉串，很多连锁餐厅都在缩小菜品的经营范围。经营范围并不那么狭窄的大户屋也将烹饪方式局限于三类（烤、炸、煮）。

这样做是为了谋求口味和低价之间的平衡关系。如果菜品类别过多，就会导致烹饪效率低下以及原材料库存压力增大，随之而来的弊端还可能是难以保证口味，价格也会水涨船高。

其实，全部案例共通的地方还有一处，即"不使用中央厨房，都进行店内烹饪"。大户屋和鸟贵族不仅烹调在店内进行，连菜品的处理和切菜、配菜也在后厨完成。在连锁餐饮行业，利用中央厨房进行预加工可以说是默认的做法了。这样做可以省去店家的许多麻烦，所以总体来看是节约了部分成本的。但是，本书中所列举的连锁餐厅的案例中没有一家是利用中央厨房的。

理由是，预先处理食材以及从菜品出锅到进入食客口中的这段时间，间隔越短料理越美味（更准确地说，高级食材自不用言，餐厅甄选的菜品都是可以通过缩短由出锅到开吃的这部分时间，赋予平价食材不凡美味的菜品）。

鸟贵族和四十八渔场的共通点在于"致力于提高食材的新鲜度"。四十八渔场用"神经缔法"的技巧处理鱼类，再由渔场直接配送到店，大幅提升了海产品的新鲜度。鸟贵族绝不使用冷冻鸡肉而是使用国产冷鲜鸡肉，可谓将食材新鲜度保留到了极致。

同时，鸟贵族和大户屋自行研发烹饪器具。鸟贵族研发的炉具可以让兼职店员轻松、均匀地烤制菜品，大户屋的烹调工具可以实现一客一做（仅限于烤、炸、煮的方式），而且还研发了可以单独制作一人一份的干制鲣鱼机。

基于以上内容，我们可以从这些极具盈利能力的企业中提取它们的经营策略。具体内容如下所示。

- 缩小菜品的经营类别。
- 限制烹饪方式。
- 不利用中央厨房而在店内烹饪。
- 店内进行食材预处理。
- 开发专用烹调工具。

其实，具有建设意义的策略并不仅仅可以从共通之处发觉，更可以从独特之处借鉴。比如可以参照如下策略。

- 一客一做（大户屋）。
- 采用自助式服务（丸龟制面）。
- 店铺不开在一层（鸟贵族）。
- 渔获的海鲜不问品种，不经由市场全部直送店铺（四十八渔场）。

●乌冬面煮后拔凉放置，让劲道的面条在最短的时间内供应给食客（丸龟制面）。

然后，将这些策略进行部分抽象化处理。

某种程度上来说，从刚才提取出的策略中，我们可以推导出适用于全体餐饮行业（在很多状况下）的一般性法则。

●不使用高价食材而是专注于某些菜品，通过改善烹饪手法让其更加美味。

●追溯美味的因果关系，专注于研究以低成本食材制作出更美味料理的方法。

●大批量地采购食材，低价购入。

●与其集中经营某些菜品，不如在口感上更胜其他餐厅一筹。

●提升顾客周转率，低价也可盈利。

●采购"因为知名度低所以便宜的美味食材"。

●从生产者那里直接获取食材。

其中，最具普遍性的（也就是说很多案例采用的）策略总结为图5-1所示的因果关系示意图。

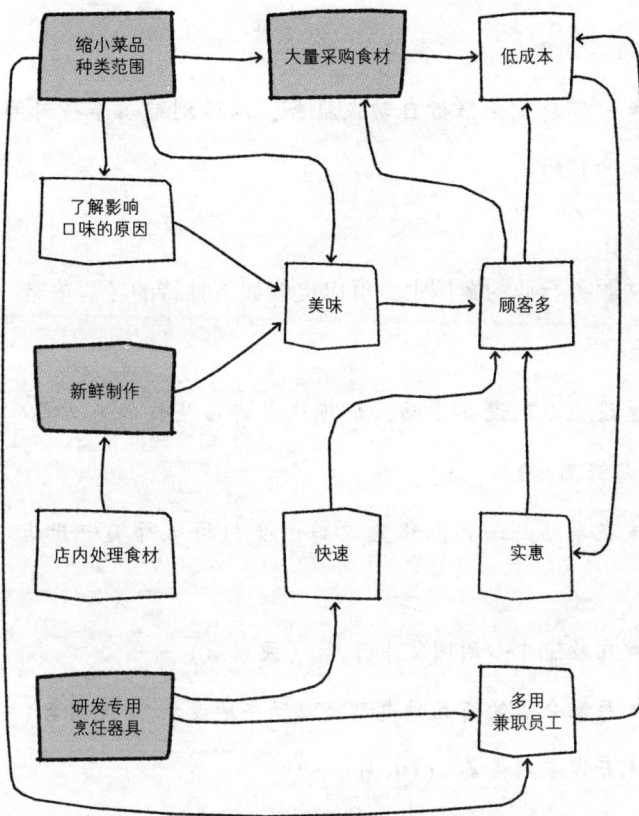

图 5-1 人气店铺所采用的经营策略的因果关系示意图

除此之外，还可以从餐饮行业之外的服务业的案例中提取以下共通策略。

● 明确经营理念，服务中有张有弛。

● 缩短顾客等待时间，给忙里抽闲的顾客提供节约时间的价值。

●一部分业务推行自助式服务，以达到缩短等待时间和削减成本的目的。

从服务行业的案例中，可以提取如下独特的经营策略。

●设施以及设备方面，该花钱或者该省钱的地方要掌握分寸。(超级酒店)

●在车站内或其他租金较高但便利的场所集中开店。(QB House)

●在物流中心周围集中开店。(便利店)

●每家分店的商品种类都可以动态地变化。(便利店)

●开发专用设备。(QB House)

●让专业职员（理发师）的技能迅速提高，笼络人才。(QB House)

●指导理发师不将顾客的头发剪得过短，以增加顾客到店的频率。(QB House)

以上所列举的案例，特别是在餐饮行业案例中，还有另一个共通之处，那就是这些企业都突破了连锁行业的“常识壁垒", 从而获得了成功。

在所有餐饮店的案例中, 大家都不约而同地打破了使用中央厨房这个业界常识, 更摒弃了连锁餐厅普遍使用的"为应对顾客多样化的需求, 增加菜品种类"的方法。这些企业都旗帜鲜明地树立了自己的经营理念, 并将其毫不动摇地坚持了下去。

5.2 类比思考法之二 遥借他山石

到目前为止的章节中分析了不少的案例, 我们可以从中借用一些构思。

接下来, 终于要进入收获新连锁餐饮店创意成果的阶段了。不过在此之前, 首先要找到"战略的着眼点"。

所谓寻找战略的着眼点, 就是在隐约的征兆之中发现未被人察觉的事物, 或者是发觉某种倾向即将开始, 未来也会按照这个方向高速发展下去, 等等, **要找到诸如此类的"变化点"。**

①头脑风暴: 在部门、专业、年龄以及兴趣等尽量大的范围内集中尽可能多的成员, 然后进行一场寻找着眼点的头脑风暴。参加者越多, 越能发觉自己思维定式之外的创见。

②说明整个社会范围大趋势的书: 比如《20××年的日本》

或者《观光白皮书》，此类书从很宏观的角度说明了社会动向以及趋势，要尽可能地多阅读、多参考这些将大数据综述成册的书，以从中寻找启示。

③城市观察：如果从①和②中得到了某些具备方向性的启示，不妨让自己的感官敏锐起来，到城市里面进行观察。也就是说，带着目的到城市里走走看看并实地验证。

比方说，外国游客访日人数极有可能在未来几年内突破2000万人次。原因之一在于"日本的美好之处正在被海外的人们所了解"。比如说，日本精致的美食料理、秀丽的自然风景、丰富的观光资源、相对安全的社会环境，以及四通八达的交通网络。

另外的一个原因是"日元贬值"。日元汇率经由短暂的升值，回复到现在的暴跌，持续20年之久的通货紧缩让外国游客切身体会到了日本物价的便宜。

再一个原因是地缘关系，我们享受到了由于"中国和中国台湾以及韩国、东南亚等经济高速发展中诸国和地区"中产阶级的崛起所带来的硕果。不妨在繁忙之余到城市的商业中心或者观光景点，仔细观察一下来来往往的外国游客。如果看到新闻中有关外国游客的报道，也要赶紧提笔做记录。

经过这一番探究，可以弄明白一件事，就是现在还没有一家针对外国游客以及商务人士的连锁餐厅。接下来试着将自己的着眼点聚焦于此。

5.3 组合基本概念的案例之一

作为我们苦苦探寻的着眼点"面向外国游客的餐厅"已经逐渐在脑海中成形。接下来的阶段里，需要我们思考连锁餐厅要具体实施的"基本理念"。在此阶段中行之有效的方法还是"头脑风暴"以及"城市观察"这两种。在个别情况下，不妨仔细听听国外游客的导游在说什么，或者观察一下有很多外国游客光顾的餐厅是什么样的。

按照这种方式持续地思考，你会发现脑海中自然地涌现出许多基本概念。接下来不妨试着将其中某些应该效果不错的概念具体化。可以利用我们在前半场分析过的那些案例，拿出经过分析并储存在"大脑抽屉"中那些各式各样的创意灵感，尝试组合出更富魅力的新构思。

"构思一"，让自己的思维焦点不拘泥于东京、京都等大都市的游客身上，可以将焦距拉长，着眼于游览地方城市的那些外国游客，并思考如何开一家更适合于这些游客光顾的连锁餐厅。因为，大都市餐厅鳞次栉比，竞争非常激烈，但在一般城市的很多区域只有类似于家庭餐馆这样的普通餐馆。

当地的居民如果想吃更可口的料理要去价格不菲的知名餐厅。但是，只有大型家庭餐厅或者汽车餐厅，才能应付得了乘坐团体旅游巴士聚集在当地景点的国外游客。日本各地都有特产，但可以说以目前的状况很难让国外观光客充分领略地方特色产品的魅力。不过这正是我们方案的着眼点。那么，不妨按照这个思路，试着考虑一个不仅可以实现盈利而且能帮助日本地方城市重现活力的创意。

构思一　聚焦到访日本地方城市外国游客的连锁餐厅
<着眼点>

近几年，日本各地风景区的外国游客人数不断攀升。不仅仅是中国和东南亚各国的游客，来自大洋洲以及欧美国家的游客人数也在增多。从前就极具人气的景点自不用说，而一直以来并不为人熟知的一些观光地也迎来了很多外国人。与此同时，以团块世代①为中心的退休阶层也开始享受人生，经常组织去各地旅游。

如此一来，"面向乘坐大型游览巴士到各地观光游客的餐厅"会明显稀缺。

---

① 团块世代：大量出生的一代。日本指昭和二十二年至二十四年（1947—1949）婴儿激增时期出生的一代。在人口金字塔中，此年代的人数最多，故得名。

<店铺详情>

● 开店位置——受海外游客喜爱的观光地附近。

● 目标顾客——租用巴士的团体游客，自驾游的个人游客，当地顾客。

● 竞争对手——当地餐厅以及全国型的连锁餐厅。

● 基本理念——采用当地新鲜食材制作日式料理的连锁餐厅。

● 传递出的客户价值——即使人数众多的团体来访，也无须多加等待，就能立即享用可口的新鲜美食。

<店铺策略>

※每条策略后面的括号内是创意的来源（即从何处借来的创意）

①与当地农民和渔民进行合作，每天早上将新鲜地道的食材直接配送到店（四十八渔场）。

②在一片区域内集中开店，削减采购本地食材以及运输物流方面的成本（便利店）。

③在店内不仅可以品尝到当地的特产，还可以购买到外国游客感兴趣的玩具等。

④不使用中央厨房，直接在店内烹饪（餐饮业通用）。

⑤削减菜品种类，集中烹调短时间内满足大批食客的料理，缩短食客等待时间，提高餐位周转率（丸龟制面）。

⑥在出菜之前现场刨制干制鲣鱼（大户屋），现场制作乌冬面（丸龟制面）。

⑦优选菜品种类，让新鲜食材的口感更醇厚，刚出锅就能让食客享受到极致的口感。

⑧缩小菜品的经营范围，或者各种菜品都能做得非常出色（餐饮业通用）。

⑨研发可以制作大量可口饭菜的专用厨具（鸟贵族）。

⑩在进店时提供平板电脑给有需要的顾客，屏幕上用图片展示菜品外观以及使用顾客的母语进行菜品说明，便于顾客点菜（超级酒店、QB House）。

⑪开发 APP，顾客进店前就可以预先点好菜，导游通过手机 APP 事先通知餐厅。

⑫为了提供最优质的服务，要全面地对员工进行问候语和礼节相关知识方面的培训（超级酒店）。

⑬建筑物外观尽可能简洁以削减成本，但是餐具和座椅方面要使用高级品（超级酒店）。

⑭通过 LED 显示屏告知顾客店内流量情况，避免团体游客用餐时餐位紧张，让零散顾客等位过久（QB House）。

以上所述商业模式的因果关系示意图如图 5-2 所示。

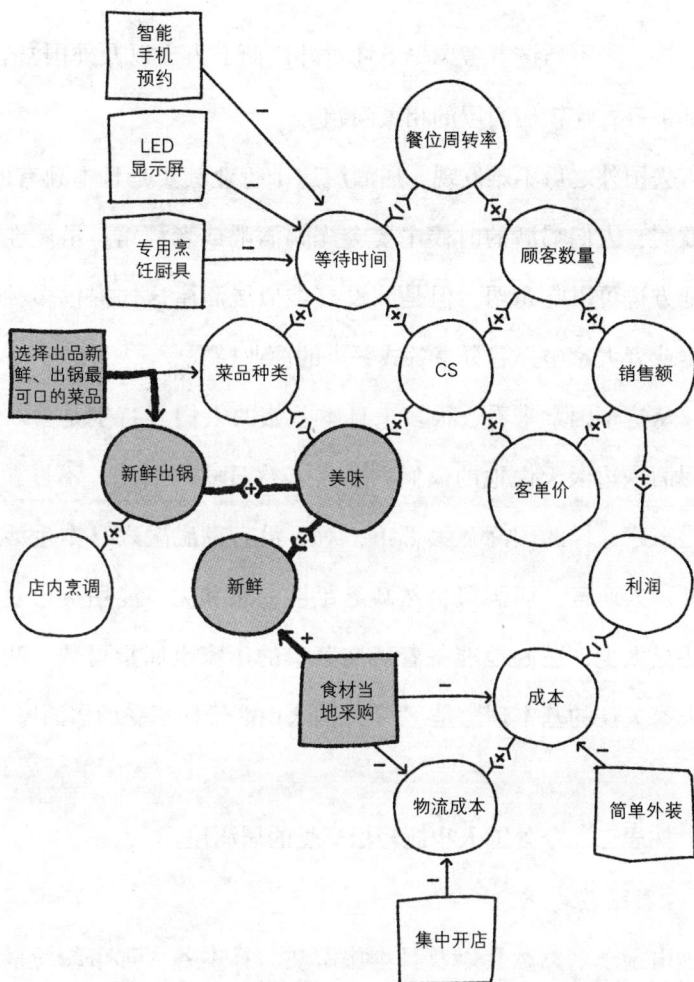

图 5-2　面向国外游客餐厅的因果关系示意图

5.4 组合基本概念的案例之二

接下来不妨试着考虑一下针对外国商务人士以及外国游客，大都市日式连锁居酒屋的相关问题。

去国外之后不难发现，居酒屋这个行业其实是日本独有的。在欧美，人们喝酒的时候主要会光顾酒吧或者酒馆。虽然在这些地方也可以吃东西，但是并没有类似居酒屋这样提供多种料理，或者大家坐一起分享各式餐点的商业模式。

从这个因素来看，很多来日本差旅的人们（特别是喜欢一边喝酒一边谈天说地的人们）非常喜欢日式居酒屋。不过，即便是东京这样的国际化大都市，对于没有彻底融入日本生活圈的外国人而言，居酒屋仍然缺乏足够的亲和力。能用英语对话的店员太少，贴心地准备着英文菜单的店家也屈指可数。我想让大家关注的基本理念是，"令外国人也能轻松享受的居酒屋"。

构思二　令外国人也能轻松享受的居酒屋

<着眼点>

由于东京奥运会以及日本旅游热，日本各大都市纷纷借势掀起了兴建高级酒店的狂潮。这些外国游客当中，不乏"想去居酒屋看看"的住客们，但是苦于居酒屋中都是日本人，大部分人都不好意思进店一探究竟。所以，能让外国人也无所顾忌地进出，充分享受日式居酒屋文化的企业，没有道理不受欢迎。

<店铺详情>

● 开店位置——大城市的高级酒店附近。

● 目标顾客——富裕的外国游客（富裕阶层的游客或者商务人士），以及日本商务人士。

● 传递出的顾客价值——高级版本的日式居酒屋对于外国人而言非常具有亲和力，是一个可以尽情畅饮的地方。

<店铺策略>

①位置可以定在除一层门面之外的楼层，以减少租金（鸟贵族）。

②采用一位客人也能轻松消费的吧台座位。

③缩小菜品种类，精确经营范围，或者将每样食物都能烹饪得非常可口（餐饮行业通用策略）。

④可以集中经营烤鸡肉串等串制菜品，开发炉具以烤制出更美味的菜品（鸟贵族）。

⑤与食材有关的知识可以让店员对顾客进行说明（四十八渔场）。

⑥可以选用当地鸡肉、牛肉以及国产猪肉等优质价高但更加鲜美可口的食材（鸟贵族）。

⑦酒品可集中供应日本清酒、烧酒、威士忌以及国外红酒，桌上放置的平板电脑可以让食客用来点菜（QB House）。

⑧店铺内装要采用更时尚的设计风格，座椅要购置更舒适的高级品让顾客能放松地享受时光（超级酒店）。

⑨为了提供最优质的服务，对员工进行问候语以及礼节方面的全面培训（超级酒店）。

以上内容所展现的商业模式之间的因果关系示意图，可以总结为图 5-3。

5.5 阅尽千帆，终得方案

基于以上的基本概念，我们已经得出了主要的经营策略，然后可以将这些策略总结为一套完整的方案。值得注意的是：

- 可行性——是否能保证营业额以及利润。

- 可能性——目标达成的阻碍有什么、如何应对。

- 差别化——与其他企业相比我们的优势是什么、别人是否无法轻易效仿。

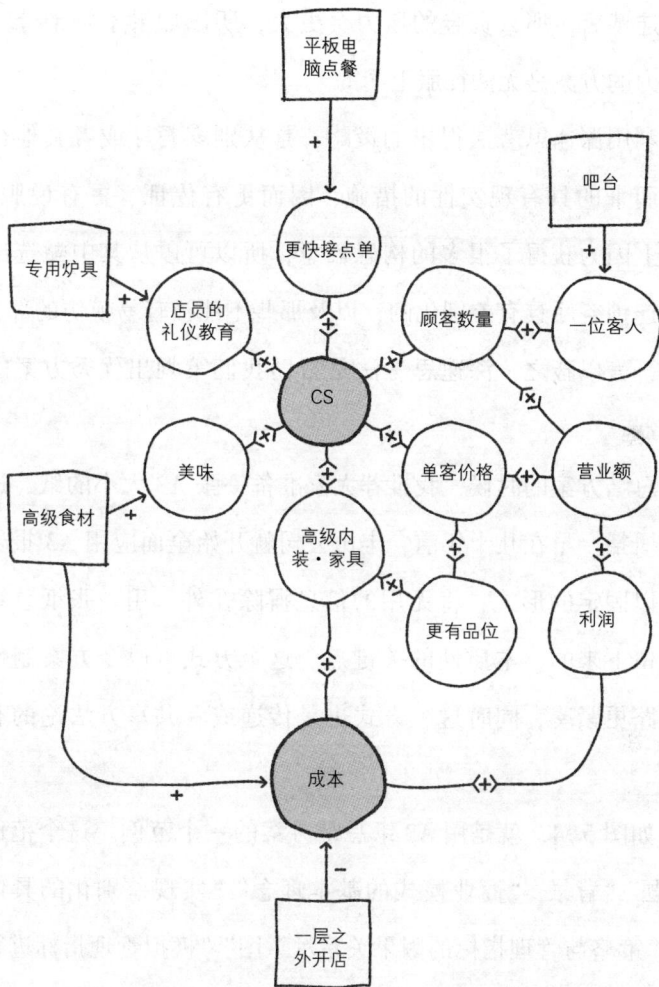

图5-3　面向外国人经营的日式居酒屋的因果关系示意图

诸如此类的问题点。餐饮行业的竞争非常激烈，如果想要发展连锁店，那么资金的压力会更大，所以如果不是十分具有说服力的方案是无法征服上司的。

利用深速思考法得出的策略，是从别家餐厅或者其他行业借用而来的具有现实性的措施，因而更有佐证、更有说服力。再加上因为获得了很多的构思创意，所以可以从其中甄选出与其他连锁餐厅具有差别化的，以及那些不能被轻易模仿的部分。

一言以蔽之，深速思考法是帮助我们策划出优秀方案的秘密武器。

总结方案的时候，我推荐大家准备一张 A3 大小的纸，进行手写概括。早在几十年前，丰田公司就开始全面应用 A3 报告书了。以固定的形式，将无用的信息摒除在外，用一张纸总结出被保留下来的、本质性的关键点。这个方式可以令方案制作人的思路更紧凑，同时这个方式也是传递或者共享方法论的有力工具。

如图 5-4，就是用 A3 纸总结方案的一个范例。这个范例由"标题""背景""商业模式的基本理念""实现差别化的具体策略""策略与管理指标的因果关系示意图""模拟管理指标进行可行性分析"等部分构成。

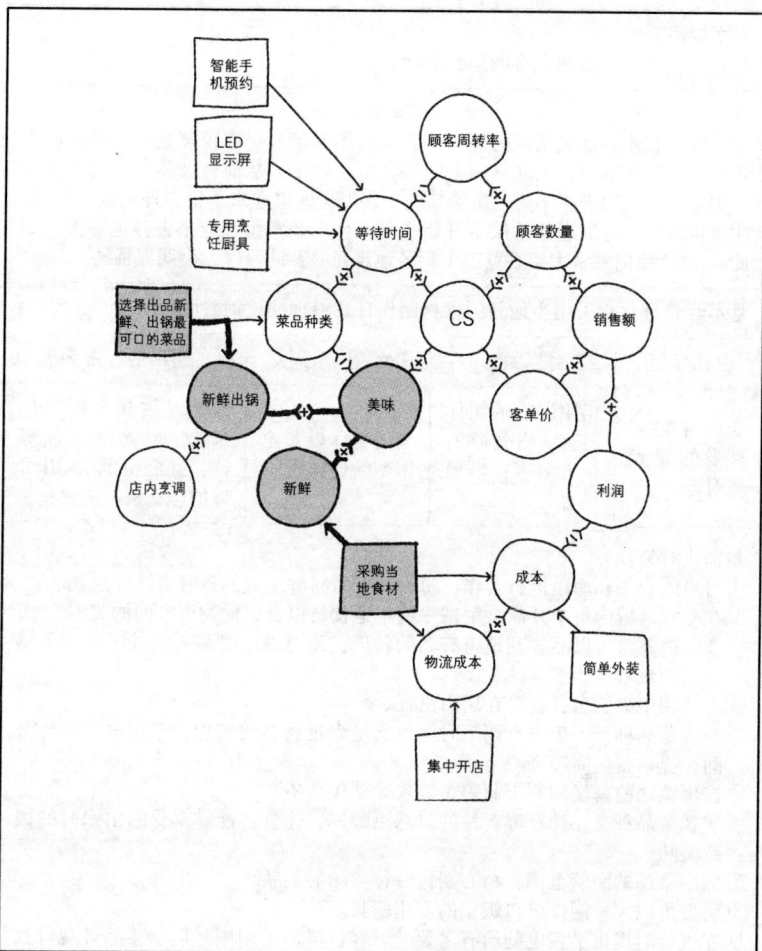

图5-4 面向入境游客的连锁餐厅方案

上部框图：
- 智能手机预约
- LED显示屏
- 专用烹饪厨具
- 顾客周转率
- 等待时间
- 顾客数量
- 选择出品新鲜、出锅最可口的菜品
- 菜品种类
- CS
- 销售额
- 新鲜出锅
- 美味
- 客单价
- 店内烹调
- 新鲜
- 利润
- 采购当地食材
- 成本
- 物流成本
- 简单外装
- 集中开店

可行性分析

1. 顾客数量	2. 客单价	3. 营业时间	4. 店员人数
5. 人员开支	6. 店租·电费和煤气费	7. 设备投资	8. 原材料价格
9. 营业额	10. 毛利润	11. 营业利润	12. 投资回收期

方案提案：
针对游览地方景点观光客的连锁餐厅

背景：
近几年，日本各地风景区的外国游客人数不断攀升。不仅仅是中国和东南亚各国，大洋洲诸国以及欧美国家的游客也在增多。从前就极具人气的景点自不用说，一直以来并不为人所熟知的一些观光地也迎来了很多外国人。同时，团块世代为中心的退休阶层也开始享受人生，经常组织起来去各地旅游。如此一来，"面向乘坐大型游览巴士到各地观光游客的餐厅"会明显稀缺。

基本经营理念　采用当地新鲜食材制作日式料理的连锁餐厅

开店位置	目标顾客	竞争对手	传递出的客户价值
受海外游客喜爱的观光地附近	租用巴士的团体游客；自驾游的个人游客；当地顾客	当地餐厅以及全国型的连锁餐厅	即使人数众多的团体来访，也无须多加等待，就能立即享用可口的、新鲜的美食

差别化对策：
①与当地农民和渔民进行合作，每天早上将新鲜地道的食材直接配送到店。
②在一片区域内集中开店，削减采购本地食材以及运输物流方面的成本。
③在店内不仅可以品尝到地道有名的料理，还可以同时购买到外国游客更感兴趣的玩具等。
④不使用中央厨房，直接在店内烹饪。
⑤削减菜品种类，集中烹调短时间内满足大批食客的料理，缩短食客等待时间，提高餐位周转率。
⑥在出菜之前现场刨制干制鲣鱼，现场制作乌冬面。
⑦优选菜品种类，让新鲜食材的口感更醇厚，让食客能够享受刚出锅时的极致美味。
⑧缩小菜品的经营范围，精心制作种种美味的菜品。
⑨研发可以大量制作可口饭菜的专用厨具。
⑩在进店时提供平板电脑给有需要的顾客，屏幕上用图片展示菜品外观以及使用顾客母语进行菜品说明，便于顾客点菜。
⑪开发 APP，顾客进店前就可以预先点好菜，导游通过手机 APP 事先通知餐厅。
⑫为了提供最优质的服务，全面地培训员工问候语和礼节的相关知识。
⑬建筑物外观尽可能简洁以削减成本，但是餐具和座椅方面要使用高级品。
⑭通过 LED 显示屏告知顾客店内流量情况，避免出现团体游客用餐时餐位紧张以致零散顾客等位过久的情况。

　　年近七十仍然游刃有余地工作的 A 氏

　　已近古稀之年的 A 氏是我的前辈，现在依然从事与 IT 相关的咨询工作，年龄渐长但工作量依旧不减，这时常令他头痛不已。

　　A 氏在上班的时候并非从事编程之类的工作，而是从事"需求定义"这样的最高端业务。工作内容主要是，访问有意愿引进生产管理系统的客户，咨询对方"目的是什么以及想做什么"，基于这些回答定义出针对客户而言最适系统的需求（也就是说系统所必须具备的特征）。说出来有些人会觉得是耸人听闻，但能胜任此类工作的人才少之又少。

　　A 氏从大学工程系毕业后，1970 年进入大型电机制造商工作，最初担任工厂的生产管理工作。那时，他认真学习了由美国提出的"MRP"生产计划的结构机制，并且共同完成了 MRP 的相关书籍。也就是说，A 氏是"从零开始学习生产管理机制"的。并且，他学习了被称作 IE 的生产工程科学改善方法，然后将其付诸实际工作。

　　之后，A 调动到了电机制造公司的信息系统销售部门，几十年来一直从事制造业的需求定义工作，这种工作在企业引进生产管理系统时是非常必要的。得益于工作的便利，A 充分地锻炼了自己的抽象思考能力。在普通人早已进入退休的年龄，A却能一直活跃在 IT 相关领域的第一线。

IT 技术的进步日新月异，因而知识的替代更新速度也非常之快。比如很久以前程序员们使用的公式翻译器以及数据处理语言，发展到后来的 C 语言乃至目前的 JAVA 和 PHP 等编程语言，也在不断地应时代需求而变化。

但是，像 A 氏所从事的所谓需求定义的"超高端工作"之中，所需要的能力却从未改变过。因为迄今为止的一个世纪以来，从本质而言，生产管理要达到的目标从未改变过。可以说这是一种"旱涝保收"的能力了。

第六章

在日常生活中锻炼深速思考能力

6.1 如何更进一步

至此为止，经过了这一系列培养快速深入地思考能力的"深速思考法"训练，大家是否乐在其中呢？我极力建议读者们，既然已经通过阅读本书打开了通往深速思考的大门，不妨在日常生活中尽情地寻找材料，继续锻炼这个能力。在日常生活中锻炼深速思考能力对我们而言裨益良多。

第一，在面临棘手难题之时，不要急于接受头脑里突然跳出来的那个答案，**而要让自己学会分析"根本原因"**。通过绘制因果关系示意图锻炼抽象化思考能力，这个能力会令问题的本质性结构清晰起来并自动浮现在脑海之中，可以让我们更容易察觉本质性的课题。此外，如果将状况抽象化之后再进行观察，也更容易发觉自己意识中所存在的"常识壁垒"，从而能以更加自省的姿态来构思，不轻易被自己的观念所束缚。

第二，仅靠抽象化思考法无法想出答案的时候，**使用类比思考法"从其他领域借用创意"**就能轻松地得出答案。

类比思考法有一个极大的优势，如果我们将越来越多的领域的创意放入大脑"抽屉"中，那么想象力会越来越丰富。那些认为只有年轻人才具有丰富想象力的人，或者那些认为创造力只能拜上天所赐的人们，也同样可以通过努力改变认知，提高创造能力。

在 30~40 岁的这段年龄里，如果不断地往自己大脑里放入创意构思的话，那么，到了六七十岁也能使创造力长盛不衰。因为通过这个方法，随着年龄增长所储蓄的智慧也就越发丰富，到时候比年轻时期的创造力来得更富激情也是极有可能的。

因此，在下面的章节中将介绍几种训练方法，这些方法任何人都可以在日常生活中利用。我本身也在不断践行。

6.2 日常可进行的思考训练① 城市观察

在日常生活中能轻松进行的训练就是出门到街上走走看看，观察人情世态。如果多次走过相同的地点，那么大脑就不会再帮我们接收新的信息了。所以，改变上下班的路线，或者去平时不会走过的街区以及店铺，进行"城市观察"，这个方法非常有效。

不过这里所说的城市观察，如果只是漫无目的地游荡在大马路上，那么也许能帮我们锻炼腰腿，但是绝起不到锻炼大脑的作用。要提高自身的观察灵敏度，边走边看才是可取的方法。

直白地说，就是尽量让目光触及所有的角落，注意一下这些场景中"是否存在有趣的、值得关注的事物"。

看到歇业的店铺，不妨思考一下"这家店为什么会倒闭"；看到路程不过几百米的街上聚集着数家处方药店，不妨想一想"为什么附近有这么多药店"。

通过观察诸如此类的景象，找到问题之后，可以成立一个关于问题原因的"假设"。如果在处方药店聚集的片区，可以成立任何你认为合理的假设。比如，"这附近高龄者较多"或者"这附近诊所较多"都可以。

一旦成立了假设，大脑会开始运转帮助我们寻找可以支持假设的"证据"。不过，不必拘泥于这个假设是否被证明出来了，因为成立假设这个举动本身就有非同一般的意义。接下来要进行说明的"商业模式的分析"，可以说就是在城市观察的基础上发展而来的。

6.3　日常可进行的思考训练②　商业模式的分析

比起城市观察，"商业模式的分析"似乎加大了一些难度，不过也变得更有趣了。这个方法可以分为以下四个步骤进行说明。

步骤一　发现有趣的行业

与陷入萎靡的日本制造业相比，服务行业愈加迸发出革新的活力。在我们身边，每天有许多新的行业悄然诞生。首先让我们找找这些新面孔吧。

之前我也略有赘述，向读者朋友们推荐了观看日本财经类新闻的方法。《大地的拂晓》、《寒武宫殿》以及《奋斗吧周一!》等节目中，每周都会介绍一家秉承独特经营策略的企业。此外，去书店的商务类图书栏也能找到许多介绍有独特经营手法企业的书籍。

本书中收集到的一部分练习问题就是从这些节目或者商业类书籍中获得灵感和素材的。一边通过阅读这些材料收集信息，一边提取企业的独特施政方针以及经营策略。这个方法的具体操作可以按照书中介绍的步骤来进行。

步骤二　用身心体会

深入这些实行独特经营策略的企业中去，实地感受它们的服务。如果是餐饮行业就去试吃，如果是酒店行业就去试住。

既然已经从书本或者节目中知道了这些具备独特之处的企业，接下来不妨去实地探访。用自己的眼睛观察，不仅可以让我们的观察力更上一个台阶，还能发现媒体没有提到的独特策略。换言之，"既然好不容易深入了敌方内部，就要带着问题意识擦亮眼睛仔细观察"。某次我走进了一家叫作"Ikinari Steak"（突然牛排）的连锁牛排餐厅。这家连锁餐厅有站位，从整体来看是快餐店的装修风格，一克牛排的销售价格低至 6 日元。1500 日元左右就能吃到 250 克相当优质的牛排，大约只有普通牛排餐厅的一半。

在店里我一边品尝牛排一边对餐厅情况、店员人数以及烹饪方式等方面进行观察，同时思考着"这家餐厅为什么这么便宜还能盈利"。当然了，如果性价比高，餐位周转率就快，因此可以大量采购价格更优惠的牛肉，毫无疑问这是作为连锁餐厅必须要走的一步棋。

观察厨房之后发现，负责烹调的店员只有两名，每次制作牛排都现场从整块的牛肉上面切下来，在很大的瓦斯烤炉上用大火烤制，将牛排放在烧热的厚铁板上端给食客，此时的牛排刚好达到了最佳熟度。

也就是说，通过亲身实践，我们获取了这家牛排店让食物更美味的策略（采用高级牛肉，制作的时候现场切片烤制）以及节省时间削减成本的策略（利用大型烤具，同时烤制大量牛排，顾客自己计算时间决定牛排的熟度）。

顺便说一句，在观察餐厅的时候我发现这家店采用了开放式厨房，这样更便于人们观察后厨的情况。有很多快餐店都是这种厨房吧。

此外，我还发现店内的墙壁上贴着海报大小的单子，上面写着各式红酒的种类和价格。也就是说，虽说是牛排专营店，还可以品尝到红酒。根据这一点我们可以推测"这家店晚上营业的时候，会吸引很多一边品红酒一边吃牛排的顾客，可以提高客单价"。

换言之，这家店的经营策略为：在午餐时段吸引商务人士提高餐位周转率，晚间又招揽在闲暇之余品味斟酌红酒的人们，以提高客单价。按照以上的方式，抱着问题意识光顾具有独特经营方式的店铺，不仅可以激发我们的好奇心，还可以进行深速思考法的训练。

步骤三　绘制因果关系示意图

以从上面两步中获取的信息为基础，尝试着绘制因果关系示意图吧。同时可以参照本书中出现的其他示意图，确认一下自己绘制的示意图和它们有哪些相同和不同之处。如果能发现其他案例中所不具备的独特的方针背后所隐藏的因果关系，就称得上是一步极大的跨越了。

从电视、书籍中知道了某些独特的服务模式之后可以去亲自体验，带着问题意识观察，再绘制出因果关系示意图，这样一来，大脑中又增加了新的知识。这种知识通常都是含有因果关系的"深层次知识"，一定会让大家的创造力更为丰富多彩。如果能在日常生活中经常进行这样的练习的话，头脑里自然会储备起大量的素材，在必要的时刻，一定会延伸出更加高瞻远瞩的新构思。

步骤四　遥借他山石

如果亲自去了某家店的话，不要将思维局限于发现独特的策略手段，应该先拉开脑袋里的小抽屉，翻寻一下在其他连锁店的独特方针之中有没有值得这家店借鉴的。比如说"丸龟制面的创意，如果套用于突然牛排的话，会发生什么"，针对这类问题展开联想，不失为一个十分有趣的体验。

如果经过考验，能顺利地运用类比思考法对日常事物进行思考的话，那么接下来可以将类比思考大胆地运用到工作中去。在工作中如果遭遇了瓶颈，请多问问自己"在社会中有没有已经解决了这类问题的公司、服务或者产品"。如果踏踏实实地重复练习步骤一至三的话，那么诸位大脑中的小抽屉里应该挤满了琳琅满目的构思。如果打开抽屉用上几个，我敢打包票一定会组合出令自己都惊讶万分的好点子。

6.4　日常可进行的思考训练③　以“因果关系”考察历史

我作为典型的工科男，一开始对于历史抱有先入为主的偏见，认为这是一门“背诵科目”，曾经对其感到十分头痛。

不过如前面所赘述过的，为了制作深速思考训练法的教材，我完成了数十道历史相关的问题并绘制了因果关系示意图，在此期间我阅读了不下几十本历史相关的书籍，现在已经完全是历史的骨灰级粉丝了。因为，通过制作历史问题的因果关系示意图，我抓住了历史的大脉络。

对于历史感兴趣的读者们，在此我向你们推荐一个方法：阅读历史书籍，然后绘制出因果关系示意图。不过，比起一般的历史书，我更倾向于阅读能感受到“因果关系”的书籍。笔者在以下的书目中获得了极大的启示。

《日本历史的谜底：藏在地形里的秘密》[日] 竹村公太郎（PHP 文库）。

《日本史以“线”相连更有趣》[日] 童门冬二（青春文库）。

《有趣的历史：挑战东京大学日本史难题》[日] 相泽理（KADOKAWA/中经出版）。

《有趣的历史：挑战东京大学世界史难题》[日] 祝田秀全（KADOKAWA/中经出版）。

《有趣的历史：挑战战后历史难题》［日］相泽理（KADOKAWA/中经出版）。

6.5　将深速思考法游刃有余地付诸工作

按照以上步骤，一边坚持练习一边享受其中的乐趣，相信不久之后深速思考法会对诸位读者的工作带来一些帮助。

"Baby Steps Lead to Giant Stride"（日积跬步，终至千里）——请千万不要忘记这个真理，每天前进一小步。坚持一年之后，大家的思考能力以及创造力会发生翻天覆地的变化。这意味着我们具备了一种能力，可以胜任"电脑无法取代的工作"了。

将深速思考法应用于实际工作的途径有很多。

比如，因果关系示意图就是一个很不错的工具，可以帮助大家在职场中进行交流。如果应该实施的举措还在模糊不清、无法敲定的阶段的话，就可以使用因果关系示意图，将目前已经分析清楚的整体结构可视化，这样一来，既加深了大家的理解，又可以共享问题的本质。**因果关系示意图可以用在职场中展示工作方式（业务流程），还可以分析问题的原因（找出根本原因之所在）、商业模式的机制以及产品的因果关系等，是一个几乎任何领域都通用的工具。**

正如前几章通过各种案例说明过的，类比思考法是提高创造力的有效方法。可以运用类比思考法构思新的商业模式，可以思考解决棘手问题的对策，可以探求新产品新服务的基本理念。这样一来，当我们突破了常识壁垒，就可以产生源源不断的新构思。

衷心希望本书能够为读者的职场生涯助一臂之力。

结　语

　　向日本企业产品研发部门的工程师们普及"精益产品开发"理论的时候，我才着手将书中的"深速思考法"编辑成体系，向大家广而告之。以此书为契机，我希望可以向日本各界的商务人士介绍这个训练法。并且，现在大环境也发生了改变，我认为向海外企业以及日本各个大学介绍深速思考法的时机也成熟了。

　　本书的前言部分也提到了关于这个理论在海外推进的情况，当时我受邀参加精益产品开发的国际会议，同时举办了深速思考训练法的研习班。

　　当时一共举办了 3 期研习班，参加者可视自身情况选择任意一期，这些班级的出席人数最多达到了 25 人。与会者有不乏像飞利浦以及戴森这样的电器制造商，还有欧洲各行各业研发部门的重要人物。

　　在研习班上，除了列举在本书中阐述的电动吸尘器的问题之外，还分析了在航空公司顾客满意度调查中常年傲居榜首的"新加坡航空公司的商业模式"。在训练中，大家都兴味盎然，认真地进行了解答。

同时，从 2016 年秋天起，我开始面向东北大学的博士生们就深速思考法进行宣讲。除了社会人员之外，还能够向年轻的学生们普及深速思考法，对我而言不胜欣喜，也是巨大的挑战。

在普及深速思考法的过程中我不断地强调，这是可以令日本企业提高竞争力，令日本经济重回景气的重要人才培养方法。不论是确立新产品的理念或者商业模式，抑或是处理棘手的问题，通过这个训练法培养起来的能力一定会为大家指引出一片新天地。

最后，请读者们身体力行，多多开展深速思考法的实践活动。

2016 年 5 月

稻垣公夫

参考文献

『トヨタ式 A3プロセスで製品開発−A3 用紙 1 枚で手戻りなく生み出す』稲垣公夫・成沢俊子（日刊工業新聞社）.

『トヨタ式 A3 資料作成術』稲垣公夫「監修」（宝島社）.

『畑村式「わかる」技術』畑村洋太郎（講談社現代新書）.

『アナロジー思考−「構造」と「関係性」を見抜く』細谷功（東洋経済新報社）.

『日本史の謎は「地形」で解ける』竹村公太郎（PHP 文庫）.

『具体と抽象−世界が変わって見える知性のしくみ』細谷功（dZERO）.

『ゼロ秒思考−頭がよくなる世界一シンプルトレーニング』赤羽雄二（ダイヤモンド社）.

『エッセシャル思考−最小の時間で成果を最大にする』グレッグ・マキューン「著」、高橋璃子「訳」（かんき社）.

『スマート・シンキング−記憶の質を高め、必要なときにとり出す思考の技術』アート・マークマン「著」早川麻百合

「訳」（CCCメディアハウス）.

『世界はシステムで動く-いま起きていることの本質をつかむ考え方』ドネラ・H・メドウズ「著」、枝廣淳子「訳」（英治出版）.

『心と脳-認知科学入門』安西祐一郎（岩波新書）.

"Why Don't Students Like School?: A Cognitive Scientist Answers Questions About How the Mind Works and What It Means for the Classroom", Daniel T. Willingham, Jossey-Bass.

"Deep Thinking: What Mathematics can Teach Us About the Mind", William Byers, World Scientific.

"Surfaces and Essences: Analogy as the Fuel and Fire of Thinking", Douglas Hofstadter & Emanuel Sander, Basic Books.

"Shortcut: How Analogies Reveal Connections, Spark Innovation, and Sell Our Greatest Ideas", John Pollack, Avery.

"The Thinker's Toolkit: 14 Powerful Techniques for Problem Solving", Morgan D. Jones, Crown Business.

东方出版社助力中国制造业升级

定价：28.00 元

定价：32.00 元

定价：32.00 元

定价：32.00 元

定价：32.00 元

定价：32.00 元

定价：30.00 元

定价：30.00 元

定价：32.00 元

定价：28.00 元

定价：28.00元

定价：36.00元

定价：30.00元

定价：32.00元

定价：32.00元

定价：32.00元

定价：38.00元

定价：26.00元

定价：36.00元

定价：22.00元

定价：32.00 元

定价：36.00 元

定价：36.00 元

定价：36.00 元

定价：38.00 元

定价：28.00 元

定价：38.00 元

定价：36.00 元

定价：38.00 元

定价：36.00 元

定价: 36.00 元

定价: 46.00 元

定价: 38.00 元

定价: 42.00 元

定价: 49.80 元

定价: 38.00 元

定价: 38.00 元

定价: 38.00 元

定价: 45.00 元

定价: 52.00 元

定价：42.00 元

定价：42.00 元

定价：48.00 元

定价：58.00 元

定价：48.00 元

定价：58.00 元

定价：58.00 元

定价：42.00 元

定价：58.00 元

定价：58.00 元

定价: 58.00 元

定价: 58.00 元

"精益制造" 专家委员会

东方出版社

广州标杆精益企业管理有限公司

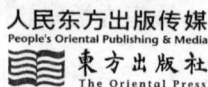

標杆精益®
BENCHMARK LEAN

人民东方出版传媒
People's Oriental Publishing & Media
東方出版社
The Oriental Press